북한 복음화를 위한 31일 기도

PRAY

북한 복음화를 위한 31일 기도

문광서원

주기도문

The Lord's Prayer

하늘에 계신 우리 아버지여
당신의 이름이 거룩히 여김을 받으시며
당신의 나라가 림하고 당신의 뜻이 하늘에서 이루어진 것 같이
땅에서도 이루어지게 하소서
오늘 우리에게 하루의 량식을 주시고
우리가 우리에게 죄지은 사람들을 용서한 것 같이 우리 죄를 용서하소서
우리를 유혹에 빠져들게 하지 마시고 다만 악에서 구하소서
나라와 권세와 영광이 아버지께 영원히 있사옵나이다
아멘. 마태복음 6:9-13

Our Father which art in heaven, hallowed be Thy name.
Thy kingdom come.
Thy will be done, on earth as it is in heaven.
Give us this day our daily bread, and forgive us our trespasses,
As we forgive those who trespass against us.
And lead us not into temptation, but deliver us from evil.
For Thine is the kingdom, and the power and the glory, forever.
Amen.

발간사

나라를 살리는 기도의 자리에 서 주십시오!

한 나라의 흥망성쇄가 뜻밖에도 한 사람의 기도에 의해 결정될 수 있습니다. 한 사람의 기도가 나라를 살리기도 하고, 멸망에 이르게도 합니다. 그 한 사람이 바로 당신일 수 있습니다.

바로 당신! 당신의 기도가 이 나라를 살릴 수 있다면, 지금 바로 무릎을 꿇고 주님께 나아가시지 않겠습니까? 오늘 하나님이 당신을 불러 기도케 하십니다. 지난 38년간 저는 이런 기도의 동역자를 찾아 헤매야 했습니다. 이 나라에서 저 나라로, 이 도시에서 저 도시로 말입니다. 오늘 하나님이 당신을 부르십니다. 이 책은 당신을 기도의 자리에 서게 할 것입니다.

먼저 하나님의 이름을 부르십시오. 그 하나님은 당신을 창조하신 우주의 창조자이십니다. 그 하나님은 당신과 저를 천국에 이르게 하시려고 아들을 십자가에 달려 죽게 하셨습니다. 그 하나님은 당신을 그분의 자녀로 삼으시기 위해 죄 없는 아들 예수를 죽이셔서 그 피로 우리를 구원하십니다. 우리는 그 하나님의 이름을 부르도록 요청받았습니다. 뿐만 아니라 우리가 죄인이었음을 기억하고 고백하며 회개하기를 원하십니다. 우리는 회개해야 합니다.

또 하나님은 우리에게 선포할 권리까지 주셨습니다. 이 책은 바로 우리로 이렇게 하도록 권고합니다.

함께하시지요.

이 나라의 흥망성쇄가 당신의 기도에 달렸습니다.

북한의 회복이 가까워 오는 이때에 함께 기도할 사람을 찾습니다.

바로 오늘 기도의 자리에 서 주십시오.

무익한 종

'북한 복음화를 위한 31일 기도'
이렇게 할 수 있습니다!

모퉁이돌선교회는 지난 38년 동안 복음을 철저하게 대적하는 북한을 대상으로 다양한 방법으로 선교를 감당해 왔습니다. 그리고 하나님께서는 저희에게 "이 나라와 민족 가운데 내가 통일을 행할 것이니 준비하라"고 말씀하셨습니다. 그 통일은 군사적·정치적 방법이 아닌 피 흘림이 없는 복음으로의 평화통일을 의미합니다. 이러한 북한의 회복을 준비함에 있어 무엇보다 중요한 것이 기도입니다.

통일을 준비하라고 하신 주님의 명령에 순종하는 마음으로 한국교회와 성도들이 함께 기도할 수 있도록 주기도문 형식에 맞춘『북한 복음화를 위한 31일 기도』를 발간하게 되었습니다.

예수님께서는 "올바른 기도를 가르쳐 주십시오"라고 요청하는 제자들에게 먼저 하나님의 이름을 부르고, 그분을 인정하며, 하나님의 뜻과 동일한 마음으로 고백과 회개를 하고, 필요한 것을 구하며, 하나님의 나라와 권세와 영광을 선포하는 기도를 하라고 가르쳐 주셨습니다. 주님이 가르쳐 주신 기도야말로 우리의 모범이 됩니다.

이에『북한 복음화를 위한 31일 기도』역시 예수님이 제자들에게 알려주신 주기도문의 순서에 따라 기도할 수 있도록 다음과 같이 구성하였습니다.

첫째, 이 민족 가운데 역사하신 하나님의 이름을 부르며 기도합니다.

둘째, 해방 이후 지금까지 남북한 특히 북한에서 사행되고 있는 죄악을 대신하여 회개합니다.

셋째, 무너지고 황폐화된 북한의 회복을 위하여 간구합니다.

넷째, 북한의 모든 영역에 하나님의 권세와 능력을 선포하며 기도합니다.

"한 사람의 기도용사는 기도하지 않는 한 민족보다 강하다!"

이는 기도의 사람 존 낙스의 말입니다. 이 민족 가운데 하나님께서 약속하신 북한 회복의 언약이 성취되기까지 하나님께 나아가 기도하는 기도의 용사가 되어주십시오.

너희가 내 안에 거하고 나의 말이 너희 안에 거하면 무엇이든지 원하는 대로 구하라 그리하면 이루어지리라 요 15:7

『북한 복음화를 위한 31일 기도』의 모든 성경구절은 『남북한병행성경』으로 표기하였습니다.

목차

DAY

DAY

DAY 1

찬양 우리의 죄를 **사하시는 하나님**

회개 신사참배의 **죄악을 회개합니다**

간구 우상숭배의 **견고한 진을 파하여 주소서**

선포 북한 주민들이 자랑스럽게 생각하는 **주체사상의 견고한 진이 파하여질지어다**

찬양

우리의 죄를 **사하시는 하나님**

제사장은 그 부지중에 범죄한 사람이 부지중에 여호와 앞에 범한 죄를 위하여 속죄하여 그 죄를 속할지니 그리하면 사함을 얻으리라 민 15:28고 하신 하나님! 죄로 인해 죽을 수밖에 없는 우리를 버려두지 않으시고 우리로 죄 사함을 받아 하나님 앞에 나아갈 수 있도록 길을 열어주신 하나님을 찬양하며 감사드립니다. 또 범죄와 육체의 무할례로 죽었던 너희를 하나님이 그와 함께 살리시고 우리의 모든 죄를 사하시고 우리를 거스르고 불리하게 하는 법조문으로 쓴 증서를 지우시고 제하여 버리사 십자가에 못 박으시고 통치자들과 권세들을 무력화하여 드러내어 구경거리로 삼으시고 십자가로 그들을 이기셨느니라 골 2:13-15고 하신 하나님, 오늘도 십자가에 죽으심으로 누구든지 주를 믿는 자마다 영생을 얻게 하시고, 죄와 사망 권세를 이기게 하신 하나님의 이름을 높이며 경배합니다.

회개

신사참배의 **죄악을 회개합니다**

1903년, 원산에서 캐나다의 하디 선교사가 조선과 조선인을 진정으로 사랑하지 못한 자신의 죄를 회개하면서 시작된 원산부흥은 평양으로 번져 1907년 거대한 평양대부흥의 불길로 타올랐다. 이때 평양은 주일이면 하나님을 예배하는 흰옷 입은 백성들의 물결로 넘쳐났다.

그런데 1938년 9월 10일, 평양 서문밖교회에서 열린 장로교 27회 총회(9-16일)에서 일본의 총칼 앞에 신사참배를 가결하는 배도의 죄악이 일어났고, 10년 후인 1948년 9월 9일에 블라디보스톡에서 원산항으로 들어온 김일성에 의해 '조선민주주의 인민공화국'이 세워졌다. 이로부터 10년 후인 1958년 9월 9일, 북한에 세워졌던 수많은 교회가 공식적으로 사라지고 말았다.

누가 어떻게 하여도 너희가 미혹되지 말라 먼저 배교하는 일이 있고 저 불법의 사람 곧 멸망의 아들이 나타나기 전에는 그 날이 이르지 아니하리니 그는 대적하는 자라 신이라고 불리는 모든 것과 숭배함을 받는 것에 대항하여 그 위에 자기를 높이고 하나님의 성전에 앉아 자기를 하나님이라고 내세우느니라 살후 2:3-4고 경고하신 주님, 우리와 우리 한국교회가 일본의 총칼에 굴복하여 이 땅에 부흥을 허락하신 하나님의 은혜와 존귀와 영광을 저버리고 신사참배를 가결하였던 죄악을 예수 그리스도의 이름으로 대신하여 회개합니다.

대부분의 조선교회와 목회자들이 일본의 강요와 압박을 견디지 못하여 신사참배가 국민의례라고 결정한 뒤 신사참배하고, 일본의 승려들에게 엎드려 세례를 받은 죄악을 예수 그리스도의 이름으로 대신하여 회개하오니 용서하여 주소서.

일본이 패망한 뒤 신사참배에 가담했던 대다수의 목회자들이 신앙의 정절을 지키지 못한 자신들의 죄악을 회개하지 않고 신사참배를 거부했던 목회자들과 반목했던 교만한 죄악을 예수 그리스도의 이름으로 대신하여 회개하오니 용서하여 주소서.

또한 그 죄악으로 인하여 북한 땅에 '하나님이 없다'고 하는 공산주의가 지배하도록 공식적인 문을 열어 놓은 죄악을 예수 그리스도의 이름으로 대신하여 회개하오니 용서하여 주소서.

간구

우상숭배의 **견고한 진을 파하여 주소서**

2023년 현재 김일성이 사망(1994년 7월 8일)한 지 29년이 되었고, 그의 아들 김정일도 2011년 12월 17일에 사망했지만, 이들에 대한 숭배는 여전히 북한 땅을 뒤덮고 있다. 대표적인 곳이 만수대 광장의 김일성과 김정일의 동상, 김일성의 생가인 만경대, 그의 시체가 안치되어 있는 주석궁(금수산궁), 주체사상탑, 영생탑, 김정일의 출생지로 둔갑한 백두산 등이다. 김일성 일가(一家)의 우상화 선전물도 대략 14만 개이며, 전국적으로 김일성 혁명사상연구실을 갖추고 그 안에서 모임과 학습 등이 기독교의 예배의식처럼 행해지고 있다. 이와 같은 혁명사상연구실이 당 기관, 행정기관, 산업기관, 군대, 보위기관, 인민보안기관, 교육기관을 포함하여 전국적으로 약 45만여 곳에 이르는 것으로 추정되고 있다.

세계 어디에서도 찾아볼 수 없는 3대에 걸친 우상숭배를 일삼고 있는 김일성과 김정일의 우상화와 이를 부추기는 추종자들의 죄악을 예수 그리스도의 이름으로 대신하여 회개합니다. 저희들을 용서하여 주소서. 너는 나 외에는 다른 신들을 네게 두지 말라 출 20:3고 하신 주님, 김일성과 김정일, 그리고 그의 아들 김정은을 우상화하는 선전물 14만 개와 45만여 곳의 김일성 혁명사상연구실을 통해 자행되는 우상숭배의 죄악을 예수 그리스도의 이름으로 대신하여 회개하오니 용서하여 주시고, 이 모든 우상숭배의 죄악이 중지되게 하소서. 오직 북한에서 하나님만을 높이고 찬양할 수 있는 날이 속히 임하게 하소서.

선포

북한 주민들이 자랑스럽게 생각하는 **주체사상의 견고한 진이 파하여질지어다**

중국에 사업이나 공무집행을 위해 나와 있는 북한 각계각층의 주민들 100명 이상을 대상으로 인터뷰를 실시한 결과, 대부분 북한이 주체사상과 핵을 가지고 있는 것에 자부심을 느끼며, 미국은 무조건 투쟁해야 할 대상이라고 대답했다. 중국을 오가며 외교나 사업을 하는 북한 주민들의 경우, 외부세계에 대한 정보가 있음에도 불구하고 주체사상을 이처럼 자랑스럽게 생각하는 것은 그만큼 북한 주민들이 주체사상에 세뇌되어 그것을 신봉하기 때문이다. 주체사상으로 무장된 북한 주민들의 생각은 성경의 진리로만 파하여질 수 있다. 그러므로 통일 시뿐만 아니라 지금 북한에 하나님의 말씀이 전해지도록 기도해야 한다.

그가 말씀하시매 이루어졌으며 명령하시매 견고히 섰도다 여호와께서 나라들의 계획을 폐하시며 민족들의 사상을 무효하게 하시도다 여호와의 계획은 영원히 서고 그의 생각은 대대에 이르리로다 여호와를 자기 하나님으로 삼은 나라 곧 하나님의 기업으로 선택된 백성은 복이 있도다 시 33:9-12라고 선포한 말씀이 주체사상을 신봉하는 북한 주민들의 고백이 되며, 완전하고 영원하신 하나님의 말씀과 진리가 북한 주민들 가운데 깊이 뿌리내린 주체사상의 견고한 진을 파할지어다!

오늘의 기도

DAY 2

찬양 우리에게 땅과 민족을 주신 **창조의 하나님**

회개 우상숭배의 **죄악을 회개합니다**

간구 수령독재체제가 **사라지게 하소서**

선포 당과 수령에 대한 충성이 **하나님께 드리는 충성으로 바뀔지어다**

찬양

우리에게 땅과 민족을 주신 창조의 하나님!

하늘을 창조하신 이, 그가 하나님이시라 그는 땅을 지으시고 만드시고 세우시되 그것을 혼돈으로 창조하지 않으시고 사람이 거주할 수 있는 곳으로 지으셨다 그가 이같이 말씀하시되, 내가 여호와이니 나 이외에 다른 신은 없다 사 45:18

고 선포하시는 창조의 하나님을 기뻐 찬양합니다. 온 세상 만물을 지으신 하나님이 이 땅을 지으시고, 한반도에 우리 민족을 심으시고, 5천 년 역사가 계속되는 동안 가꾸고 돌보셨음에 감사드립니다. 그리고 이 흑암의 땅 한반도에 1816년 영국 함선의 함장 맥스웰과 바실 홀을 통해 처음 한 권의 영어성경이 전해지게 하시고, 1832년 독일의 귀츨라프 선교사를 통해 고대도 주민들에게 주기도문을 가르침으로 복음의 씨앗을 뿌리게 하시고, 1866년에 대동강변에서 토마스 목사를 통해 성경을 전달하여 우리 가운데 창조자 하나님의 이름을 부르고 경배케 하심을 찬양합니다.

회개

우상숭배의
죄악을 회개합니다!

1945년 해방이 되었으나 남북한으로 갈라져 분단된 이후, 1948년 9월 9일 북한 정권이 창립되면서 김일성은 자신이 신이 되어 온 땅과 백성들을 지배하기 시작하였다. 북한의 역사는 김일성으로부터 시작한다. 그렇기 때문에 북한은 김일성의 출생연도인 1912년을 원년으로 삼는 주체연호를 사용하고 있다. 2023년은 주체 112년이 되는 해이다. 우상숭배는 정치, 경제, 사회, 문화, 교육, 종교 등의 모든 분야를 총망라하여 조직적으로 이루어져왔고, 급기야 북한의 주체사상을 바탕으로 한 수령숭배는 세계 10대 종교에 올라와 있다. 그 악행이 김일성, 김정일, 김정은에 이르는 세습화를 구축하여 북한 땅 전체를 더럽히고 있고, 심지어 죽은 자들의 시체가 살아 있는 북한 주민들을 지배하는 참담한 상황이 계속되고 있다.

너는 나 이외에 다른 신을 두지 말라 출 20:3고 하신 주님, 1948년 9월 9일에 북한 정권이 수립되어 오늘에 이르기까지 북한에서 자행되고 있는 온갖 우상숭배의 죄악을 예수 그리스도의 이름으로 대신하여 회개합니다.

김일성 자신이 신이 되어 북한 주민들로 하여금 자신을 수령으로 섬기게 한 죄악을 예수 그리스도의 이름으로 대신하여 회개하오니 용서하여 주소서.

김일성 탄생을 기준으로 주체연호를 사용하고, 그를 신격화하여 북한 주민들로 하여금 우상숭배를 자행케 한 죄악을 예수 그리스도의 이름으로 대신하여 회개하오니 용서하여 주소서.

북한의 모든 교육을 우상숭배에 초점을 두고 실시하여 역사를 왜곡해온 죄악을 예수 그리스도의 이름으로 대신하여 회개하오니 용서하여 주소서.

북한 주민들의 가정마다 김일성과 김정일의 초상화를 걸어 그들을 모신다 하고, 주민들의 가슴마다 김일성과 김정일의 초상을 새긴 배지를 달게 하고, 바윗돌마다 김일성과 김정일을 숭배하는 글을 새겨놓아 주민들의 뼛속까지 우상화시키는 죄악을 예수 그리스도의 이름으로 대신하여 회개하오니 용서하여 주소서.

북한 주민들이 태어나 탁아소에 맡겨지는 순간부터 죽을 때까지 수령숭배사상을 교육시키는 죄악을 예수 그리스도의 이름으로 대신하여 회개하오니 용서하여 주소서.

김일성의 혈통에서만 수령이 존재하며 그들에 의해서만 나라와 민족을 이끌 수 있도록 법으로 만들어 놓고 3대 세습의 우상화를 강도 높게 실시하는 죄악을 예수 그리스도의 이름으로 대신하여 회개하오니 용서하여 주소서.

수령이 곧 최고의 존엄임을 북한뿐만 아니라 남한을 포함한 기타 국가에 대외적으로 떠들어대고 있는 북한의 죄악을 예수 그리스도의 이름으로 대신하여 회개하오니 용서하여 주소서.

이외에도 북한 땅과 역사 그리고 문화와 사회, 교육 등의 모든 분야에서 자행되고 있는 우상화의 죄악을 예수 그리스도의 이름으로 대신하여 회개하오니 용서하여 주소서.

간구

당과 수령에 대한 충성이
하나님께 드리는 충성으로 바뀔지어다

북한 공산당과 인민들의 당과 수령에 대한 충성이 견고하지만, 북한의 내부를 주의 깊게 살펴보면 상부의 강력한 지시와 명령을 받는 하부계급이 불만을 토로하기도 한다. 조직적이고 강압적인 통제와 감시에도 불구하고, 당과 수령에 대한 군과 공산당원들의 충성심이 과거와는 달리 약화되었고, 이런 현상이 밑으로 갈수록 심화되고 있다. 이러한 북한 체제로부터의 이탈이 앞으로 하나님께 드려지는 충성으로 바뀌어야 할 것이다.

우리가 여호와를 버리고 다른 신들을 섬기는 일은 결단코 없을 것입니다 … 오직 나와 내 집은 여호와를 섬기리라 하였다 수 24:15-16고 결단했던 이스라엘과 여호수아의 고백이 북한의 주민들 그리고 남한의 백성들 모두의 고백이 될 것을 믿음으로 선포합니다. 이제 북한 주민들이 당과 수령에 충성했던 악에서 떠나 하나님만 섬길 것을 예수 그리스도의 이름으로 명령한다.

선포

당과 수령에 대한 충성이 **하나님께 드리는 충성으로 바뀔지어다**

북한 공산당과 인민들의 당과 수령에 대한 충성이 견고하지만, 북한의 내부를 주의 깊게 살펴보면 상부의 강력한 지시와 명령을 받는 하부계급이 불만을 토로하기도 한다. 조직적이고 강압적인 통제와 감시에도 불구하고, 당과 수령에 대한 군과 공산당원들의 충성심이 과거와는 달리 약화되었고, 이런 현상이 밑으로 갈수록 심화되고 있다. 이러한 북한 체제로부터의 이탈이 앞으로 하나님께 드려지는 충성으로 바뀌어야 할 것이다.

우리가 여호와를 버리고 다른 신들을 섬기는 일은 결단코 없을 것입니다 … 오직 나와 내 집은 여호와를 섬기리라 하였다 수 24:15-16고 결단했던 이스라엘과 여호수아의 고백이 북한의 주민들 그리고 남한의 백성들 모두의 고백이 될 것을 믿음으로 선포합니다. 이제 북한 주민들이 당과 수령에 충성했던 악에서 떠나 하나님만 섬길 것을 예수 그리스도의 이름으로 명령한다.

오늘의 기도

DAY 3

찬양 우리에게 하나님의 이름을 부르게 하신 **아버지 하나님**

회개 하나님의 이름을 **망령되게 한 죄악을 회개합니다**

간구 북한 노동당의 강령과 견고한 조직이 **붕괴되게 하소서**

선포 사상과 총대가 아닌 **이 민족의 힘이 되심을 선포합니다**

찬양

우리에게 하나님의 이름을 부르게 하신 **아버지 하나님**

내가 그들과 함께 있는 동안에 당신께서 내게 주신 당신의 이름으로 그들을 보호하고 지켰으므로 멸망의 자식 외에는 그들 중 하나도 잃어버리지 않았으니 이는 성경이 성취되게 하려 함입니다 요 17:12. 천사도 흠모하는 존귀하신 하나님을 아버지라 부를 수 있는 특권을 주신 하나님께 존귀와 영광을 돌려드립니다. 또한 어둠에 갇혀 길이요, 진리요, 생명 되신 하나님을 모르던 이 민족의 백성 누구에게나 하나님을 아버지라 부를 수 있도록 하신 아버지 하나님을 찬양합니다. 분단된 이 민족 가운데 북한의 회복을 약속하신 하나님 우리 아버지께 세세 무궁하도록 영광을 돌립니다 빌 4:20. 할렐루야!

회개

하나님의 이름을 망령되게 한 죄악을 회개합니다

1945년 해방과 함께 북한을 집권한 김일성은 북한의 전 주민을 조선노동당의 세포처럼 조직하였다. 이 결과 북한 주민들은 조선노동당의 이념과 강령 아래 한몸처럼 움직이도록 강요당하고 다스림을 받아오고 있다.

너는 여호와 네 하나님의 이름을 함부로 부르지 말라 여호와는 그의 이름을 함부로 부르는 자를 결코 죄 없다고 여기지 않으리라 출 20:7고 명하시는 주님, 1945년 해방 이후 지금까지 북한 주민들을 조선노동당의 세포처럼 조직화하여 통제하면서 하나님의 이름을 망령되게 하고 백성들을 선동해온 북한의 죄악을 예수 그리스도의 이름으로 대신하여 회개합니다.

조선노동당의 최고수장인 수령을 필두로 북한 주민 한 명에 이르기까지 견고하게 조직화하여 통치함으로 개인의 생각과 행동을 용납하지 않고 오직 당을 위해 존재하는 세포처럼 세뇌하고 착취하는 북한의 죄악을 예수 그리스도의 이름으로 대신하여 회개하오니 용서하여 주소서.

간구

북한 노동당의 강령과 견고한 조직이 붕괴되게 하소서

북한 노동당의 강령에는 남한을 무력으로 적화통일시켜 한반도를 조선노동당의 통치 아래 두어 북한의 수령을 통일된 조국의 수령으로 만들고, 대한민국을 사회주의·공산주의화하여 주체사상, 즉 김일성주의화하는 것이 목적이라고 명시하고 있다. 또한 이를 실현하기 위해 당중앙위원회 선전선동부와 조직부에서 전체 인민에 이르기까지 사상교양사업을 조직화하여 강압적인 통제와 감시가 이뤄지도록 사상교육으로 세뇌시키고 있다.

하나님의 형상을 따라 지은 바 된 인간의 존귀함을 제거하고 동물을 길들이듯 세뇌시켜 전쟁무기가 됨을 자처하게 만드는 북한 노동당의 죄악을 예수 그리스도의 이름으로 대신하여 회개합니다. 저희들을 용서하여 주소서. 한 사람의 범죄로 많은 사람이 죽었으나 한 사람 예수 그리스도의 은혜로 말미암은 하나님의 은혜와 은사가 더욱더 많은 사람에게 넘쳤기 때문이다 롬 5:15고 하심과 같이 예수 그리스도로 인하여 죄인 된 인류가 구원함에 이르렀던 것과 같이 북한에 주의 은혜가 다시 넘치게 하소서. 남한을 무력으로 적화통일하여 저들의 지배 아래 두고 나아가 온 세상을 주체사상으로 점령하겠다는 악하고 허망한 북한 조선노동당 강령의 도모와 계략을 파하여 주소서.

선포

사상과 총대가 아닌 하나님이
이 민족의 힘이 되심을 선포합니다

"사상과 총대가 강하면 강한 나라가 될 수 있다." 이것은 북한이 내세우는 강성대국론의 요지이다. 그렇기 때문에 그들은 아무리 경제적인 도움이 되어도 사상과 체제 유지에 조금이라도 위협이 되면 그 즉시 문을 닫아버린다. 이와 같은 맥락에서 김정일은 김일성이 주창한 주체사상에 맞춰 군사우선의 '선군정치'를 기치로 내걸었다. 또한 그의 아들 김정은 역시 백성들의 굶주림은 안중에도 없고 사상과 군사력 우위로 자신들의 제국을 건설하려는 야망을 불태우고 있다. 오히려 이것이 북한의 붕괴를 앞당기는 시발점이 된다는 사실을 알지 못하고, 더 나아가서 북한만이 아닌 이 민족의 힘과 능력의 근원이 하나님이심을 알지 못하기 때문이다.

그러나 여호와는 참 하나님이요 살아 계신 하나님이요 영원한 임금이시니 그의 진노에 땅이 진동하고 모든 나라가 그의 분노를 견디지 못합니다 렘 10:10고 선포하신 하나님이 강한 사상과 총대로 적화통일의 야욕을 불태우는 북한 지도부와 그들에게 속아 맹목적으로 추종하는 북한 주민들의 교만을 능히 괴멸하시는 분이심을 선포합니다. 또한 그 하나님이 북한과 남한 그리고 이 민족의 회복을 이루시는 주권자요, 힘이 되심을 선포합니다.

오늘의 기도

DAY 4

찬양 무소부재하신 **하나님**

회개 북한 주민들에게 '남조선 인민을 해방시켜야 한다'고
거짓 증거한 죄악을 회개합니다

간구 북한의 핵전략과 시설과 관련된
모든 비밀이 드러나게 하소서

선포 남북한이 보유한 군사력의 위험은
하나님의 손에서 다스려질지어다

찬양

무소부재하신 **하나님!**

내가 당신의 령을 떠나 어디로 가겠습니까 내가 당신의 림재를 피하여 어디로 도망치겠습니까 내가 하늘에 올라갈지라도 당신께서 거기에 계시고 내가 스올에 나의 침상을 펼지라도 당신께서 거기에 계시며 내가 려명의 날개로 날아올라 바다 끝에 가서 거할지라도 거기서도 당신의 손이 나를 인도하시며 당신의 오른손이 나를 단단히 붙드실 것입니다 시 139:7-10. 하나님, 하나님이 계시지 않는 곳은 없습니다. 그러므로 우리가 주님을 떠나거나 피할 수 없습니다. 어느 곳이나 어느 때든지 항상 우리와 함께 계시는 무소부재하신 하나님을 찬양합니다. 그 하나님께서 오늘 우리 가운데 계심을 인하여 기뻐 노래하며 선포합니다.

회개

북한 주민들에게 '남조선 인민을 해방시켜야 한다'고 거짓 증거한 죄악을 회개합니다!

북한은 정권이 세워진 이후 지금까지 한 번도 남침 야욕을 버린 적이 없다. 지금도 그들은 남한을 적화시키는 일에 국력의 80%, 외교력의 80%를 집중하고 있다. 북한 노동당은 외교정책상 남한을 국제적으로 고립시키고, 남한 안에 북한의 주체사상을 추종하고 따르는 세력을 강화시키는 데 물불을 가리지 않고 있다. 이것은 북한 주민 수백만 명이 굶어 죽어도 변하지 않는 정책인 것이다. 또한 남한 사회를 교란하여 전복할 목적으로 친북세력을 침투시키고, 그들의 활동을 지원하는 대남선동 전략과 전술을 병행해오고 있다. 그러면서 북한 주민들을 향해서 '이 모든 것은 남조선 인민을 해방시켜야 하기 위함이다'라고 거짓 증거를 하고 있다.

네 이웃에 대하여 거짓 증거하지 말라 출 20:16고 하시고, 악한 자의 집은 망하나 정직한 자의 장막은 흥한다 잠 14:11고 말씀하신 주님, 1945년 해방과 함께 소련의 군정 하에서부터 지금까지 남침 도발의 야욕을 위해 군사력 증강은 물론, 남한에 간첩을 파견하고 친북세력을 확장하여 남한 사회 내 교란을 일삼는 북한의 죄악을 예수 그리스도의 이름으로 대신하여 회개합니다.

1950년 6월 25일 남침 도발을 감행, 한국전쟁을 일으켜 수많은 사람들이 죽고 헤어지는 이산의 아픔을 초래하고도, 남침이 아니라 북침이라고 주장하는 북한의 죄악을 예수 그리스도의 이름으로 대신하여 회개하오니 용서하여 주소서.

북한 주민들이 굶어 죽어가는데도 군사강국의 선군정치를 내세우며 국가 예산의 40%를 국방 예산에 집중하는 북한의 죄악을 예수 그리스도의 이름으로 대신하여 회개하오니 용서하여 주소서.

대한민국을 해방하려면 군대가 많아야 한다며 북한의 젊은이들이 의무적으로 10년간 군대에 다녀오게 하고, 머릿수를 채우기 위해 군인의 20%를 여자들이 감당하도록 법을 제정한 북한의 죄악을 예수 그리스도의 이름으로 대신하여 회개하오니 용서하여 주소서.

전쟁을 일으켜 적화통일을 시킬 때 북한이 남한을 압도하기 위해 한반도에서의 제국주의를 반대하고, 지주와 자본가를 없애고, 군사력을 증강해 온 죄악을 예수 그리스도의 이름으로 대신하여 회개하오니 용서하여 주소서.

1953년 휴전 이후, 지속적으로 남한에 간첩을 침투시키고 무력 도발을 감행해온 죄악을 예수 그리스도의 이름으로 대신하여 회개하오니 용서하여 주소서.

북한이 주장하는 고려연방제로 남한을 북한에 예속시켜 적화시킬 목적으로 대한민국의 친북세력과 친북단체들을 통해 수단과 방법을 가리지 않고 세력을 규합하여 확장해온 북한의 죄악을 예수 그리스도의 이름으로 대신하여 회개하오니 용서하여 주소서.

남한의 국가기관, 금융, 공공기관의 서버를 무력화시킬 목적으로 사이버공격을 감행한 북한의 죄악을 예수 그리스도의 이름으로 대신하여 회개하오니 용서하여 주소서.

특수부대를 운영하면서 테러와 살인훈련을 시키고 해외에 군사고문단을 파견해 국제사회를 어지럽게 하는 북한의 죄악을 예수 그리스도의 이름으로 대신하여 회개하오니 용서하여 주소서.

간구

북한의 핵전략과 시설과 관련된 **모든 비밀이 드러나게 하소서!**

북한의 김일성은 1990년 초 "우리 공화국은 핵무기를 가질 능력도, 만들 의사도 없습니다."라고 대외적으로 말한 바 있다. 이는 한국과 미국 등을 속이려는 전략이었고, 실상 그들은 핵무기 개발을 계속해왔다. 또한 2012년 해임, 숙청된 리영호 전 참모장은 "인공위성 쏘아 올린다는 게 뭐야. 로켓 무기나 같애. 그 로켓에다 핵무기를 설치하면 미국 본토까지 쏘지. 그러니까 우리는 뱃심이 든든하다."라고 간부들을 대상으로 강연했다. 그러나 미국과 서방 국가들이 핵개발에 대해 경제제재 조치를 취하려 하자 미사일이 아닌 인공위성이라고 속이려 들었고, 결국 2012년 12월 12일 장거리미사일 은하3호 발사에 2023년 현재 핵무력을 완성한 북한은 굶주림에 허덕이는 주민들의 어려운 형편을 외면한 채 미사일 발사에 천문학적인 비용을 쏟아붓고 있다. 이러한 상황 속에서 북한의 핵개발과 이와 관련된 모든 비밀과 정보들이 적나라하게 드러날 수 있기를 기도해야 한다.

358만 명 이상의 백성들이 굶주려 죽어감에도 아랑곳하지 않고 시종일관 핵개발에 천문학적인 비용과 인력을 투자해온 북한 지도부의 악행을 예수 그리스도의 이름으로 대신하여 회개합니다. 저희들을 용서하여 주소서. 나의 눈이 그들의 모든 길을 굽어보고 있으니 그들은 나의 앞에서 숨겨지지 못하고 그들의 죄악도 나의 목전에서 감추어지지 않으리라 렘 16:17고 하신 주님의 말씀과 같이 북한의 핵개발과 관련된 모든 정보들이 숨김없이 드러나게 하여 주시고, 핵이 저들의 힘과 자랑이 아닌 수치가 되도록 능하신 주의 손으로 다스려 주소서.

선포

남북한이 보유한 군사력의 위험은 **하나님의 손에서 다스려질지어다!**

1950년 6.25전쟁 이후, 분단되어 대치 상태에 놓인 한반도는 그야말로 화약고로 불려도 손색이 없을 정도로 지상과 지하에 엄청난 무기와 군사력을 보유하고 있다. 이에 언제든지 무력충돌이 일어날 가능성이 높고, 남북한의 경제규모에 비해 막대한 비중을 차지하는 국방비는 이 민족의 발전을 저해하는 가장 큰 요인이 될 수 있다. 또한 통일 시에 과거부터 현재까지 증강해온 막대한 군사력과 그로 인해 파생되는 문제를 해결하는 것이 우리의 숙제가 될 것이다.

여호와께서 그의 군대 앞에서 음성을 발하시니 그의 군대가 얼마나 거대한가 그의 명령에 복종하는 자들이 이루 헤아릴 수 없이 많구나 여호와의 날은 위대하고도 참으로 두려우니 누가 그날을 견딜 수 있으랴 욜 2:11. 대적의 군대를 멸하시는 능력의 하나님을 찬양합니다. 그 하나님이 남북한이 대치되어 있는 상태에서 쌓아 올린 막대한 무기와 군대들이 힘을 쓰지 못하도록 막으시고 다스려 주소서. 전쟁은 하나님께 속해 있으니, 무기로 남북한을 무너뜨리려 하는 악의 세력아, 예수 그리스도 이름으로 명하니 묶일지어다!

오늘의 기도

오늘의 기도

DAY 5

찬양 반석이신 **하나님**

회개 핵 개발, 대량살상무기, 화학탄 등으로 군사력 증강을 꾀하고
무력 도발한 죄악을 회개합니다

간구 북한의 주요 핵 시설이 **무용지물이 되게 하소서**

선포 북한이 자랑하는 핵무기보다 **하나님이 더 강하심을 선포합니다**

찬양

반석이신 하나님!

여호와는 나의 반석이시요 나의 요새시요 나를 건지시는 자시요 나의 반석의 하나님이시니 내가 거기로 피신하도다 또 그가 나의 방패시요 나의 구원의 뿔이시요 나의 높은 산성이시요 나의 피난처시요 나의 구원자시니 나를 포악한 자들에게서 구원하시고 내가 찬양받기에 합당하신 여호와께 호소하니 내가 대적들에게서 건져지도다 삼하 22:2-4. 하나님, 하늘에서 비행기가 떨어지고, 바다에서 배들이 침몰하고, 육지에서 열차와 차들이 충돌하고 이탈함으로 사고와 사건이 끊이지 않으며, 남북한이 대치된 상태에서 함포와 총격전으로 인해 무고한 젊은이들이 죽어가는 소식들이 이 땅에 가득합니다. 그럼에도 우리와 이 민족이 살아가는 동안 폭풍처럼 휘몰아치는 고난과 어려움 중에도 부르심의 자리에서 "내가 너를 지켜주리라"고 말씀하시는 반석 되신 하나님을 찬양합니다.

회개

핵 개발, 대량살상무기, 화학탄 등으로 군사력 증강을 꾀하고 **무력 도발한 죄악을 회개합니다!**

김일성은 이미 1955년 4월 과학원 제2차 총회에서 원자 및 핵물리학연구소를 설치하였고, 현재 평안북도 태천, 영변, 박천, 평안남도 순천, 평양, 황해북도 평산, 함경남도 신포 등에 핵 관련 시설을 확충하였으며, 마침내 북한이 핵보유 국가임을 법으로 제정하고 세계에 알림으로 미국, 러시아, 영국, 프랑스, 중국, 이스라엘, 인도, 파키스탄에 이어 아홉 번째로 핵클럽에 가입하였다. 남한을 적화시키려는 목적을 달성하기 위해 1960년대부터 세계가 금지하는 생화학무기와 장비 개발을 꾸준히 실시해온 북한은 1980년대부터 각종 화학작용제의 대량 생산 및 비축, 대규모 살포 및 투발 수단의 발전을 이뤄왔고, 신의주, 만포, 아오지, 청진, 강계, 함흥, 안주, 순창 등에 화학작용제 생산시설을 갖추어 현재 신경작용제 등 2,500-5,000톤에 달하는 12종의 화학작용제를 비축한 것으로 알려져 있다. 치사율이 높은 탄저균 등 4종에 대해서는 연간 1톤 이상의 생산 능력을 보유했다는 평가이다. 이외에도 북한은 각종 무기 개발과 군비 증강에 주력하면서 주민들을 전쟁 준비에 내몰고 있다.

또 여호와의 구원하심이 칼과 창에 있지 않음을 이 모든 무리로 알게 하리라 전쟁은 여호와께 속한 것이니 그가 너희를 우리 손에 넘기시리라 하였다 삼상 17:47. 만군의 여호와 하나님, 백성들의 굶주림이 극심한 중에도 핵 개발을 비롯한 각종 무기 제조와 군사력 증강에 여념이 없는 북한의 죄악을 예수 그리스도의 이름으로 대신하여 회개합니다.

수백만의 주민들이 굶어 죽어가는 상황은 돌아보지 않고 핵 개발과 장거리미사일 개발, 화학무기 등을 개발하여 평화를 위협하는 북한의 죄악을 예수 그리스도의 이름으로 대신하여 회개하오니 용서하여 주소서.

현재 2천여 기의 각종 미사일을 생산해 실전 배치하며, 이 가운데 최대 50%가 남한을 사정거리에 두고 배치하여 지속적으로 위협하는 북한의 죄악을 예수 그리스도의 이름으로 대신하여 회개하오니 용서하여 주소서.

북한 군인들이 사용하는 자동소총 탄알은 수은으로 제작되어 탄알이 피부를 스치고 지나가기만 해도 온몸에 수은이 퍼져 북한군에서 훈련을 하다 수은탄으로 인해 죽는 군사들이 많습니다. 이렇듯 사람의 생명을 파리 목숨처럼 여기는 북한군의 죄악을 예수 그리스도의 이름으로 대신하여 회개하오니 용서하여 주소서.

굶주림을 견디다 못한 북한 군인들이 탈영하여 민가를 약탈하고 강도질을 하며 저질렀던 죄악을 예수 그리스도의 이름으로 대신하여 회개하오니 용서하여 주소서.

간구

북한의 주요 핵 시설이 **무용지물이 되게 하소서!**

최근 5년간 북한이 보여준 핵탄두 탑재 가능 미사일 및 방사포의 종류는 매우 다양하다. 사드(THAAD : 고고도미사일방어체계), 패트리엇 등 미사일 방어 시스템의 약점과 사각지대를 공략하고자 다양한 형태로 투발 실험을 해왔으며 최근에는 미사일 탑재 핵탄두의 공중 기폭 기술(미사일에 내장된 핵탄두를 원하는 고도에서 자유자재로 폭발시키는 기술)을 확보하였음을 대대적으로 홍보하고 있다. 핵탄두를 장착한 미사일이 고각발사되면 사드 요격 고도보다 높은 고도에서 폭발할 수 있어서 광역 EMP(Electromagnetic Pulse : 전자기펄스) 공격이 가능해진다. 북한은 핵탄두들과 다양한 투발 수단을 동시에 노출함으로써 변화무쌍한 방법으로 남한 전역에서 선별적 또는 무차별적 핵공격이 가능하다는 것을 과시하고 있다. 평안북도 태천, 영변, 박천, 평안남도 순천, 평양, 황해북도 평산, 함경남도 신포 등에 핵 관련 시설을 확충하고, 남한은 물론이고 중국과 러시아, 일본 그리고 미국까지 위협하는 장거리미사일 발사로 위협하고 있다.

산과 들이 폐허가 되어 짐승이 깃들일 수 없어 보이는 북한 땅 곳곳에 세상 모든 사람들이 두려워할 핵무기 진지를 구축하고 화학 살상무기를 제조하는 북한의 악랄한 죄악을 고발하며 예수 그리스도의 이름으로 대신하여 회개합니다. 저희들을 용서하여 주소서. 너희는 그들을 두려워하지 말라 여호와 너희 하나님이 너희를 위하여 친히 싸우시리라 하였다 신 3:22고 하신 주님께서 한반도의 생사화복의 주관자 되심을 믿습니다. 북한의 모든 핵 시설과 화학무기들이 주의 손에서 무용지물이 되게 하시고, 주의 그 행사와 능력 앞에서 핵무기를 자랑하는 자들이 두려움에 떨게 하소서.

선포

북한이 자랑하는 핵무기보다 **하나님이 더 강하심을 선포합니다!**

지난 몇 년 동안 핵 개발과 핵무기 보유는 북한이 막강한 힘을 발휘하는 이유가 되어왔다. 북한은 핵을 이용하여 벼랑 끝 외교를 펼치며 미국을 위시하여 한반도 주변의 열강들로부터 자신들이 필요한 것을 선점하는 데 결정적인 카드로 사용해왔고, 지금도 여전히 위협을 하고 있다. 그러나 북한이 수천 개의 핵으로 남한을 위협하더라도 하나님보다 능할 수 없다. 하나님이 허락하시지 않으면 핵무기는 한낱 쇳덩어리에 불과한 것이며, 결국 하나님의 마음과 눈을 가진 백성들의 기도하는 무릎은 북한의 문을 열고 북한의 회복을 이루실 하나님의 계획에 기름을 붓게 될 것이다.

우리의 전투 무기가 세상 무기들이 아니라 오직 요새를 무너뜨리는 하나님의 능력이기 때문이다 하나님에 대한 지식을 대적하여 쌓아 올려진 모든 주장과 모든 오만한 장애물을 무너뜨리고 모든 사상을 사로잡아 그리스도께 복종시키니 우리는 너희의 순종이 완전해질 때에 모든 불순종을 징계하려고 준비하고 있다 고후 10:4-6. 북한의 힘이 되는 핵무기가 하나님의 손 안에서 쇳덩어리에 불과함을 선포합니다. 하나님의 강한 손과 팔이 곧 이 민족의 안보임을 믿음으로 선포합니다.

오늘의 기도

오늘의 기도

DAY 6

찬양 이 민족에 해방의 기쁨을 주신 **승리하신 여호와 닛시 하나님**

회개 북한 주민들에게 남한과 미국 등을 미워하고 증오하며
빼앗을 대상으로 세뇌시키는 죄악을 회개합니다

간구 북한 수뇌부와 군부가 **전쟁 도발 감행을 중단하게 하소서**

선포 "남조선과 전쟁이나 일어났으면 좋겠다"라는
북한 주민들의 원성은 그칠지어다

찬양

이 민족에 해방의 기쁨을 주신 **승리하신 여호와 닛시 하나님!**

그때에 아말렉이 와서 르비딤에서 이스라엘을 공격하니 모세가 여호수아에게 지시하기를, 너는 우리를 위하여 사람들을 뽑고 나가서 아말렉과 싸우라 래일 내가 하나님의 지팡이를 손에 잡고 언덕 꼭대기에 설 것이다 하였다 여호수아가 모세의 말대로 행하여 아말렉과 싸우고 모세와 아론과 훌은 그 언덕 꼭대기에 올라갔는데 모세가 그의 손을 올리면 이스라엘이 이기고 그 손을 내리면 아말렉이 이겼다 그러나 모세의 두 손이 무거워지자 그들이 돌을 가져다가 모세의 아래에 놓아 그를 거기에 앉히고 아론과 훌이 그의 두 손을 한 사람은 이쪽에서, 한 사람은 저쪽에서 부축하니 그의 두 손이 해질 때까지 견고히 들려 있었다 그리하여 여호수아가 아말렉과 그의 백성을 칼로 쳐서 이겼다 여호와께서 모세에게 말씀하시기를, 너는 이것을 기념하여 책에 기록하고 여호수아의 귀에 확실히 들려주라 이는 내가 아말렉에 대한 기억을 하늘 아래서 깨끗이 지워 버릴 것이기 때문이다 하셨다 이때에 모세가 한 제단을 쌓고 그것을 여호와닛시라 부르며 말하되, 여호와께서 맹세하시기를, 여호와가 아말렉과 맞서 대대로 전쟁을 벌이리라 하셨다 하였다 출 17:8-16. 하나님, 대한민국의 5천 년 역사가 오늘에 이르기까지 이 땅은 그야말로 헤아릴 수 없는 외세의 침입에 시달림을 당해야 했습니다. 북으로는 중국과 러시아, 동으로는 일제의 침략에 이 땅과 백성들이 짓밟혔습니다. 임진왜란, 일제침략, 6.25전쟁 등 참으로 작고 힘없는 이 나라에 전쟁이 많았습니다. 그럼에도 불구하고 하나님은 작고 작은 이스라엘과 같은 이 민족을 버리지 아니하시고, 강한 자들의 손에서 건져

주시고, 지켜주시고, 이기도록 승리의 하나님이 되어주셨습니다. 하나님이 친히 앞서 싸우시고, 우리 민족 가운데 승리의 기쁨이 되어 주셨습니다. 지금도 여전히 한반도를 둘러싸고 세계열강들이 온갖 계략을 도모하지만, 우리가 두려워하지 않고 안연한 것은 여호와 닛시 승리의 하나님이 우리와 함께하시기 때문입니다. 우리와 이 민족이 행하는 것이 하나님 보시기에 사랑받고 칭찬받을 만한 것이 없음에도, 긍휼이 풍성하신 하나님이 이 나라와 민족의 안전이 되시고 승리의 하나님이 되심을 두 손 높이 들어 찬양합니다.

회개

북한 주민들에게 남한과 미국 등을
미워하고 증오하며
빼앗을 대상으로 세뇌시키는 죄악을 회개합니다!

김일성은 1945년 10월 10일, 제국주의 타도에 사상적 기초를 둔 당을 창건하고 이를 온 세상에 선포하였다. 북한 조선노동당의 목적은 남조선에서 반제반봉건 민주주의 혁명을 수행하고, 전국적 판도에서 사회주의 완전승리를 이룩하여 온 사회의 주체사상화를 실현하는 것이다. 즉 남한을 미국의 식민지로부터 해방시키고 지주, 자본가들의 착취와 압박에서 대다수 무산계급인 노동자와 농민을 해방한다는 것이다. 조선노동당은 북한의 가장 핵심적인 기관이며, 북한이 회생 불가능한 절박한 상황에서도 망하지 않고 존립이 가능한 것도 조선노동당 조직 때문이다. 따라서 우리는 북한 전체를 통제하고 움직이며 처음과 나중이 되는 조선노동당의 강령이 예수 그리스도의 이름과 권세 앞에 깨어지도록 기도해야 한다.

네 이웃의 집을 탐내지 말라 네 이웃의 안해나 그의 남종이나 그의 녀종이나 그의 소나 그의 나귀나 그밖에 네 이웃의 소유 중 어느 것도 탐내지 말라 출 20:17. 여호와여, 나를 죽이려는 그들의 모든 계략을 당신께서 아시니 그들의 사악함을 용서하지 마시고 당신의 목전에서 그들의 죄를 지우지 마소서 그들로 당신 앞에서 쓰러지게 하시고 당신께서 진노하시는 동안 그들을 다루소서 렘 18:23. 남한을 무력으로 적화통일하여 저들의 지배 아래 두고 나아가 온 세상을 주체사상으로 점령하겠다는 악하고 허망한 북한의 계략과 조선노동당을 앞세워 저질러온 온갖 만행과 죄악을 예수 그리스도의 이름으로 대신하여 회개합니다.

북한 조선노동당이 창건된 이후 남한을 적화시켜 온 세상을 주체사상화 즉 김일성주의화하겠다는 허망한 강령으로 하나님을 대적하고, 끝없이 남침도발을 저질러온 죄악을 예수 그리스도의 이름으로 대신하여 회개하오니 용서하여 주소서.

북한 노동당의 총비서인 김정은에서부터 북한 주민 개개인에 이르기까지 누구 하나 빠져나갈 수 없도록 조직부와 선전부를 통하여 북한 주민 전체가 하나의 유기체로 움직이도록 조정해온 북한 조선노동당의 죄악을 예수 그리스도의 이름으로 대신하여 회개하오니 용서하여 주소서.

생활총화를 통해 북한 주민들에게 사상교육은 물론, 정기적으로 개인과 개인이 속한 단위에서 서로 비판하도록 만들어 증오감을 양산하고, 사람들이 마음과 생활을 황폐하게 만든 죄악을 예수 그리스도의 이름으로 대신하여 회개하오니 용서하여 주소서.

"조국을 진정으로 사랑한다면, 원수를 그만치 미워하라. 혁명을 사랑한다면, 반혁명분자들을 증오하고 때려 부숴라. 수령을 사랑한다면, 수령의 사상과 권위를 훼손하는 현상과는 비타협적으로 투쟁하라. 한마디로 사랑하면 사랑하는 것만큼 증오하라. 정녕 원수를 증오하면, 증오하는 것만큼 사랑하는 것이다." 북한 주민들에게 이러한 세계관과 계급적 가치관을 강요해온 북한의 죄악을 예수 그리스도의 이름으로 대신하여 회개하오니 용서하여 주소서.

"미제와 남조선 괴뢰도당은 철천지 원수이며, 그 사상 아래 있는 자본가 지주, 소자본가라도 착취계급은 모두 몰아내고 죽여야 한다."고 가르치면서 철저한 계급교양을 통해 북한과 김일성주의를 반대하는 모든 대상을 죽여야 하는 것으로 규정하고, 미국, 남한, 선교사, 지주 등에 대해 모든 북한 주민들의 마음을 증오와 분노로 채워온 죄악을 예수 그리스도의 이름으로 대신하여 회개하오니 용서하여 주소서.

문화.예술을 통해 전당, 전군, 전민의 계급교양을 고취시키고, 북한이 말하는 혁명적 세계관을 수립해온 죄악을 예수 그리스도의 이름으로 대신하여 회개하오니 용서하여 주소서.

교육을 통해 어릴 때부터 자동적으로 미국과 한국을 증오하고, 반기독교 교육을 실시해왔을 뿐만 아니라 김일성 가계에 대한 왜곡된 역사교육을 고취시켜온 죄악을 예수 그리스도의 이름으로 대신하여 회개하오니 용서하여 주소서.

간구

북한 수뇌부와 군부가
전쟁 도발 감행을 중단하게 하소서!

해방 이후 북한은 전쟁을 통해서라도 남한을 해방하겠다는 의지를 다져왔다. 이를 위해 전쟁은 불가피하지만, 북한의 지도부도 북한이 먼저 전쟁을 일으키지 않으면 남한이 전쟁을 일으키지 않는다는 것을 잘 알고 있다. 그러나 김정은의 통치와 함께 북한 내부에서 군부 중심의 강경파가 경제회생을 꾀하는 실용주의를 견지하는 자들로 인해 입지가 약화되는 것을 막기 위해 전쟁 도발을 꾀할 수 있다. 이미 북한 내각의 간부가 천안함 폭파 후 영웅 칭호를 받은 것이 그 증거이다. 이와 같이 북한의 군부를 위시한 강경파들이 충성 경쟁을 벌이면서 천안함 격침과 연평도 포격 등과 같은 군사 행동으로 전쟁 도발을 유도할 수 있다.

해방 이후 지금까지 남한에 대한 적화 야욕을 포기하지 않는 북한 수뇌부와 군부 그리고 전쟁 도발을 언제든 자행하려는 자들의 죄악을 예수 그리스도의 이름으로 대신하여 회개합니다. 저희들을 용서하여 주소서. 또 여호와의 구원하심이 칼과 창에 있지 않음을 이 모든 무리로 알게 하리라 전쟁은 여호와께 속한 것이니 그가 너희를 우리 손에 넘기시리라 하였다 삼상 17:47는 말씀대로, 남한을 적화시키기 위해 군사력 증강에 생명을 거는 북한 수뇌부와 군부 등이 전쟁 도발을 감행하지 못하도록 주의 강한 손과 팔로 막아 주소서. 그리하여 남북이 평화로운 상황에서 북한의 회복을 맞이하게 하소서.

선포

"남조선과 전쟁이나 일어났으면 좋겠다"라는 북한 주민들의 원성은 그칠지어다!

"양강도 인민반장 모임에서 '쌀 공급이 적어 굶는 세대가 많고 대통령도 빈민 구제를 못한다'라고 발언해 보위부에 잡혀 갔습니다. 주민 70%가 하루 1끼를 겨우 먹으며 버티고, 산골 농촌 온 가족이 먹지 못해 집에 드러누워 죽기만을 기다리는 세대가 적지 않습니다." 날로 심각해지는 북한의 형편이다. 북한 정권은 해외파견 무역 기관에 당자금(통치자금) 상납 및 처벌에 관한 규정을 하달하여 노동자들을 혹사시키고 외화벌이 부족을 메우기 위해 상납금(충성자금) 비율을 높여 임금의 대부분을 갈취하고 있는데 월급의 약 98%를 당 상납금으로 거두어 가기 때문에 노동자들은 고강도, 장시간 노동에도 겨우 2%의 임금만을 생활비로 받는다고 한다. 사실상 노예와 다름없는 가혹한 대우를 받고 있다. 김정은은 인민의 안녕을 최우선시한다는 인민대중주의를 표방하며 북한 최고 지도자로 행세하고 있지만 사실은 일부 특권층과의 야합을 통해 대다수 주민의 노동력과 임금을 착취해 왔다. 국내 노동자와 해외 파견 노동자 모두가 가혹한 노동 조건에 시달리며 임금의 대부분을 당국에 갈취당하는 가운데 최저 생활도 보장받기 힘든 수준의 임금을 받아가며 하루 하루를 근근이 살아가고 있다. 최근 외화벌이로 해외 파견된 북한주민을 00에서 만났는데 "조국에 있는 가족만 아니면 벌써 남조선으로 갔다. 전쟁이라도 일어났으면 이 보다 못하겠느냐?"고 묻는 말을 들었다. 그만큼 북한에서 살아가는 것이 힘든 것이다.

분을 삼가고 노를 버리라 격분하지 말라 그것은 단지 악으로 기울어질 뿐이다 악인은 끊어질 것이나 여호와를 기다리는 자는 땅을 차지하리라 시 37:8-9라는 말씀의 능력 앞에 전쟁이라도 한판 붙어보고 죽어도 죽자며 토해내는 북한 주민들의 원성은 이제 그칠지어다. 또한 그 말로 인한 악한 영향력이 예수 그리스도의 권세 앞에 파하여 중단될지어다.

오늘의 기도

오늘의 기도

DAY 7

찬양 목자이신 **하나님**

회개 경제 파탄을 조장하여 가정과 사회를 파괴시킨
죄악을 회개합니다

간구 굶주린 북한 주민들에게
기초생활에 필요한 의식주가 공급되게 하소서

선포 굶주린 북한 주민들에게
복음 증거에 필요한 식량이 공급될지어다

찬양

목자이신 하나님!

여호와는 나의 목자시니 내게 부족함이 없도다 그가 나를 푸른 초장에 눕게 하시고 잔잔한 물가로 이끄시며 나의 심신을 회복시키시고 자신의 이름을 위하여 나를 바른 길로 이끄신다 비록 내가 사망의 음침한 골짜기로 다닐지라도 해를 두려워하지 않음은 당신께서 나와 함께 계시고 당신의 지팡이와 막대기가 나를 보호하기 때문입니다 당신께서 내 원쑤의 목전에서 내 앞에 상을 펴시고 내 머리에 기름을 부으시니 내 잔이 넘칩니다 내 평생에 당신의 선하심과 인의가 반드시 나를 따르리니 내가 여호와의 집에 영원히 살 것입니다 시 23편. 하나님, 우리를 목자 없는 양같이 버려두지 아니하시고, 우리 가운데 함께 계시고 부족함이 없게 하시며, 피곤하고 지칠 때에 주님의 푸른 풀밭에 누이심으로 우리의 영혼을 소생시키시고 인도하시는 목자이신 하나님을 찬양합니다. 우리가 사망의 음침한 골짜기로 다니며 해를 당할 때에도 목자 되신 하나님이 함께하심으로 안심하고, 우리로 항상 주님 안에서 먹고 마시게 하시니 하나님을 찬양합니다.

회개

경제 파탄을 조장하여 가정과 사회를 파괴시킨 죄악을 회개합니다!

북한의 전체 예산 가운데 30-40%가 국방 예산에 사용된다. 그러므로 북한은 군사무기를 증강하는 차원에서 군수공업을 중심으로 가동되고 있어 일반 공업 경제의 대부분이 중단되는 경우가 많다. 1995년을 전후해 홍수피해로 인한 자연재해가 덮치면서 350만 명 이상의 아사자가 발생하여 북한 경제는 그때부터 지금까지 완전히 파괴됨으로 북한 전역이 황폐화되고 말았다. 그 결과 한때 2,300만 명으로 추정되었던 북한의 인구는 1,800만 명으로 감소했으며, 북한 경제의 파탄은 결국 북한 사회 전체를 강타하여 파괴시키는 결과를 초래하였다. 이로 인해 가정이 깨어져 뿔뿔이 흩어져 버렸고, 결국 가정 안에서 자녀는 부모를 공경하고 부모는 자녀를 사랑하라고 하셨던 하나님이 주신 계명이 파괴되어 그 고통이 지금도 계속되고 있다.

네 아버지와 어머니를 공경하라 그리하면 여호와 네 하나님이 네게 준 땅에서 네 수명이 길어지리라 출 20:12고 말씀하신 주님, 요셉을 양떼 같이 인도하시는 이스라엘의 목자여, 귀를 기울이소서 그룹들 사이에 좌정하신 이여, 빛을 비추소서 시 80:1라는 말씀처럼 30년 가까이 지속된 곤핍과 핍절함으로 인해 황폐화된 북한의 죄악을 예수 그리스도의 이름으로 대신하여 회개하오니 용서하여 주소서.

식량난으로 인하여 350만 명 이상의 아사자들이 발생했음에도 환난당한 북한 주민들을 돌아보지 않고, 자신들의 배만 채우며 군사놀음에 빠진 북한 당국자들의 죄악을 예수 그리스도의 이름으로 대신하여 회개하오니 용서하여 주소서.

식량난으로 인하여 북한의 많은 가정마다 부부가 헤어지고, 부모와 자식이 흩어져 풍비박산이 되게 만든 죄악을 예수 그리스도의 이름으로 대신하여 회개하오니 용서하여 주소서.

경제난이 심화되면서 북한 전역에 꽃제비들이 넘쳐나 유리하고 방황하며 방치되고 있는 죄악을 예수 그리스도의 이름으로 대신하여 회개하오니 용서하여 주소서.

북한의 5세 이하 사망률은 남한의 약 9배 이상이며, 제대로 먹지 못해 사망한 북한 주민이 전체 사망자 중 29%를 차지하고, 북한 아동의 31.9%와 산모의 28.5%가 영양실조에 시달리고 있는 참담한 상황을 아뢰며 북한의 죄악을 예수 그리스도의 이름으로 대신하여 회개하오니 용서하여 주소서.

간구

굶주린 북한 주민들에게 기초생활에 필요한 의식주가 공급되게 하소서!

"문 밖에 나가면 굶어 죽은 시체들이 즐비한 것을 내 눈으로 직접 봤습니다. 그 시체들을 땅에 파서 묻을 힘도 없어 그냥 웅덩이 같은 곳에 가져다 버렸습니다. 역전 같은 곳에 죽은 시체들이 즐비한데도 산 사람들은 그 옆에 아무렇지도 않게 앉아 있습니다."
북한은 30년 이상 계속되는 식량난으로 인해 350만이 넘는 아사자들이 발생했다. 이로 인해 북한 주민들을 대상으로 인신매매가 성행하고, 가정이 깨어져 유리하는 꽃제비 아이들이 곳곳에 넘쳐나고 있다. 북한의 가정구조가 깨어지는 참담한 상황이 더 이상 일어나지 않도록 굶주린 북한 주민들의 생활에 필요한 최소한의 의식주가 공급되어야 할 것이다.

굶주림으로 죽어가는 등 도탄에 빠져 있는 백성들을 향한 긍휼의 손을 펴지 않는 북한 위정자들의 죄악을 예수 그리스도의 이름으로 대신하여 회개합니다. 저희들을 용서하여 주소서. 하나님 아버지 앞에서 순결하고 더러움이 없는 경건은 이것이니, 곤경에 처한 고아와 과부를 돌보고 자신을 지켜 세상에 물들지 않는 것이다 약 1:27. 주님, 북한의 위정자들이 더 이상 굶주린 백성들의 형편을 외면치 말게 하소서. 지금도 애타는 마음으로 '누가 가서 죽어가는 북한의 백성들에게 먹을 것을 줄꼬' 하며 한탄하시는 주님의 마음을 따라 우리의 손을 펴게 하여 주소서.

선포

굶주린 북한 주민들에게 **복음 증거에 필요한 식량이 공급될지어다!**

북한 주민들이 당면한 가장 큰 문제는 먹고 사는 것이다. 당장 입에 풀칠할 것도 없어 굶주리는 그들에게 조금씩이라도 경제적인 지원을 베풀며 하나님의 사랑을 전한다면, 그들의 닫힌 마음을 하나님께로 돌릴 수 있을 것이다. 지금이 바로 그 시기이다. 한 줌의 쌀과 빵을 주는 이를 생명의 은인처럼 받아들이는 그들에게 성경을 전하고 하나님의 말씀을 전할 때, 그들은 "아멘!" 하고 답할 것이며 이 일은 곧 하나님께서 북한 회복을 행하실 수 있도록 굳은 땅을 부드럽게 하는 지름길이 될 것이다.

내가 그 땅에 기근을 보내는 날이 반드시 올 것이니, 이는 여호와 하나님의 이르심이니 그것은 량식의 기근이나 물의 갈함이 아니고 여호와의 말씀을 듣지 못하는 기갈이라 암 8:11고 말씀하신 주님, 북한 땅에 임한 물리적 기근보다 더 심각한 것이 말씀의 기근임을 보게 하시니 감사합니다. 우리가 완성된 통일에 초점을 맞추는 것이 아니라 오늘도 갈한 그들에게 복음을 전하고 말씀을 전할 때, 이 땅 가운데 하나님이 예비하신 북한 회복의 문이 활짝 열리게 됨을 믿음으로 선포합니다.

오늘의 기도

오늘의 기도

DAY 8

찬양 변함없으신 **하나님**

회개 북한의 변하를 주도하는 주민들의 경제활동을 단속하고 권력을 이용하여 **무역을 독식하는 북한 지도부의 죄악을 회개합니다**

간구 북한에 속히 경제개방이 이루어져 **북한 회복의 물꼬가 트이게 하소서**

선포 북한의 변화가 **복음을 전하는 통로로 사용될지어다**

찬양

변함없으신 **하나님!**

나 여호와는 변하지 않으니, 야곱의 자녀들아 너희가 망하지 않았다 말 3:6고 하신 하나님, 한결같이 우리와 함께 계시고, 우리를 지키시며 보호하시고 언약을 성취하시는 하나님을 찬양합니다. **마찬가지로 하나님도 자신의 목적이 변경될 수 없음을 그 약속의 상속자들에게 명백히 보여주기를 원하셨을 때에 맹세로써 그것을 보증하셨다 하나님은 거짓말하실 수 없는 분이므로 하나님 안에 피난처를 찾은 우리가 변경될 수 없는 저 두 가지를 근거로 우리 앞에 놓인 소망을 굳게 붙잡도록 우리에게 강한 용기를 불어 넣으셨다** 히 6:17-18고 하신 말씀대로 믿는 자들에게 구원을 약속하시고, 거짓과 속임을 미워하시는 변함이 없으신 하나님을 기뻐 노래합니다. **예수 그리스도는 어제나 오늘이나 영원토록 동일하시다** 히 13:8고 하신 말씀대로 지금까지 이 나라와 민족과 선교사역 가운데 그리고 오늘 기도하는 이 모임 가운데와 앞으로 북한의 회복을 이루는 모든 과정에도 영원토록 함께하실 하나님을 찬양하고, 영원히 변치 아니하시는 하나님이심을 선포합니다.

회개

북한의 변화를 주도하는
주민들의 경제활동을 단속하고 권력을 이용하여
무역을 독식하는 북한 지도부의 죄악을 회개합니다!

악인은 자기 마음의 탐욕으로 우쭐거리고 리익을 좇는 탐욕군들은 여호와를 저주하고 부인합니다 시 10:3. 주님, 수많은 백성들이 굶주림에 허덕임에도 아랑곳하지 않고 자기 배만 불리는 북한 지도부와 권력을 가진 자들의 죄악을 예수 그리스도의 이름으로 대신하여 회개하오니 용서하여 주소서.

하나님이 주신 풍부한 지하자원과 토지, 노동력을 가지고도 북한 주민을 굶주림에 내몰고 고통당하게 하는 북한 수뇌부의 죄악을 예수 그리스도의 이름으로 대신하여 회개하오니 용서하여 주소서.

심각한 경제난이 계속되면서 북한 주민들에 의해 장마당을 중심으로 상권이 형성되고 그 결과, 힘과 권력을 가진 자들이 이익을 챙기는 등 빈익빈, 부익부 현상이 더욱 극명화되는 죄악을 예수 그리스도의 이름으로 대신하여 회개하오니 용서하여 주소서.

북한 당국이 외화벌이 차원에서 마약을 재배하여 팔게 함으로써 북한 주민들도 손쉽게 마약을 구하고 조제할 수 있게 되었습니다. 그 결과 북한에서 식량보다 마약을 구하는 것이 더 쉬워져, 많은 폐인들이 생겨나는 죄악을 예수 그리스도의 이름으로 대신하여 회개하오니 용서하여 주소서.

핵실험 등으로 유엔의 경제제재 조치를 받고, 팬데믹으로 국경이 봉

쇄됨으로써 경제력이 더욱 어려워진 형편에서도 김정은의 우상화 작업과 미사일 발사가 여전히 이루어지고 있습니다. 또한 평양의 부유층 사이에서는 한 벌에 2,000달러가 넘는 명품(名品) 원피스가 없어서 못 팔 정도이며, 250달러 상당의 스타킹, 1만 달러가 넘는 로렉스 손목시계가 특권층의 상징으로서 소비되고 있습니다. 코로나 발생 전, 2019년 북한이 수입한 사치품은 1억 6,608억만 달러(한화 약 1,924억)에 달했습니다. 너희는 땅에서 사치와 향락에 파묻혀 살았고 도살의 날에 너희 마음을 살찌게 하였다 약 5:5 고 말씀하시는 주님, 수많은 아이들이 영양실조에 시달리고, 북한 주민들이 하루 끼니를 해결하기 위해 절치부심하는 상황에서 자행되는 이와 같은 죄악들을 예수 그리스도의 이름으로 대신하여 회개하오니 용서하여 주소서.

간구

북한에 속히 경제개방이 이루어져
북한 회복의 물꼬가 트이게 하소서!

철의 장막으로 굳게 닫혀 바깥세상을 모르던 북한 주민들이 굶주림을 견디다 못해 양식을 구하러 중국에 나왔다가 천지가 개벽할 만한 세상을 보았다. 또한 남한이 거지들로 들끓는 나라가 아니라 북한보다 잘 사는 나라임을 알게 되었다. 그러자 수령독재체제에 물들었던 저들의 견고한 생각에도 금이 가기 시작하면서 북한이 개방을 해서 남한과 경제교류를 하는 것이 살 길임을 깨닫고, 그것을 열망하기 시작했다. 자신들의 체제 유지를 위해 문을 꼭꼭 걸어 잠근 북한 지도부가 경제개방을 시작할 때, 이를 통해 북한의 문이 더욱 활짝 열릴 것이다.

자신들의 체제 유지를 위해 죽어가는 백성들을 외면하는 북한 지도부의 죄악을 예수 그리스도의 이름으로 대신하여 회개합니다. 저희들을 용서하여 주소서. 내가 네 앞에 가서 산들을 평평하게 하고 놋문을 산산이 부수며 쇠빗장들을 자르고 흑암 가운데 있는 보물과 은밀한 장소에 감추어져 있는 보화를 너에게 줄 것이니 이는 너를 이름으로 부르는 이가 나 여호와 이스라엘의 하나님임을 너로 알게 하려 함이다 사 45:2-3고 말씀하신 하나님, 굳게 닫힌 북한의 문을 여시고 굶주림에 지친 백성들을 불러내어 새로운 세상을 보게 하여 주소서. 그리하여 경제개방을 통해 북한 주민들의 의식주 문제가 해결되게 하시고, 수령유일체제에 물든 저들로 복음을 알고자 하는 새로운 열망으로 타오르게 하사, 경제개방을 통해 북한 회복의 물꼬가 활짝 열리게 하여 주소서.

선포

북한의 변화가 **복음을 전하는 통로로 사용될지어다!**

북한에 변화의 바람이 불고 있다. 이미 2023년 현재, 600만 명 이상의 북한 주민이 핸드폰을 보유하고 있으며, 해외 영화와 드라마, 노래 등을 듣는 사람들도 많이 생겨났다. 북한 당국이 단속에 나서고 있지만, 이제는 북한 내부적으로 이러한 변화를 통제하기 어려운 상황에 이르렀다. 바로 이러한 때에 북한의 상황을 적절하게 이용하여 복음을 전할 수 있는 선교전략들이 활발하게 일어나야 하며, 더욱 다양한 선교방법을 통해 북한에 복음을 전함으로 북한의 회복을 앞당길 수 있다.

때에 여호와께서 네가 땅에 심은 씨앗에 비를 내리시고 땅은 너에게 기름지고 풍성한 소출을 낼 것이니 그날에 네 가축들이 드넓은 초원에서 풀을 뜯고 사 30:23. 시들어 보이는 나무와 건초가 가득한 것 같은 북한에 이제 다양한 방법으로 복음의 씨앗이 뿌려짐으로 그것을 통해 영원히 마르지 아니하는 열매를 맺는 풍성한 땅으로 새롭게 변화될지어다!

오늘의 기도

오늘의 기도

DAY 9

찬양 위로하시는 **하나님**

회개 남한의 깨끗하지 못한 **기업과 경제인들의 죄악을 회개합니다**

간구 북한의 경제문제가 **북한 회복에 걸림돌이 되지 않게 하소서**

선포 북한 회복을 포기하는 **견고한 마음의 진들은 파하여질지어다**

찬양

위로하시는 **하나님!**

우리 주 예수 그리스도의 하나님이시요 긍휼이 많으신 아버지시요 모든 위로의 하나님은 송축받으소서 하나님은 우리를 온갖 시련 가운데서 위로하사 우리로 하여금 하나님께 받는 위로를 힘입어 시련 가운데 있는 모든 사람을 위로할 수 있게 하셨다 고후 1:3-4. 모든 환난 중에서 우리를 위로하시는 하나님을 찬양합니다. 이 민족이 하나님의 율례와 법이 아닌 신분계급에 따라 천민계급이 멸시와 천대를 받고, 남존여비 사상에 따라 여자들이 업신여김을 당하고 불이익과 수모를 당하는 아픔이 하늘과 땅을 덮었었습니다. 그들에게 복음이 전해짐으로 한 영혼이 천하보다 귀함을 알게 하신 하나님을 찬양합니다. 그 하나님의 위로에 감사하는 우릴 향하여 너희는 위로하라 나의 백성을 위로하라 이는 너희 하나님의 이르심이다 너희는 예루살렘을 위로하며 이야기하되 그 로역의 기간이 끝났고 그 형벌이 다 갚아졌으며 여호와의 손에서 자기 죄값을 갑절이나 받았다고 웨치라 사 40:1-2고 하신 하나님, 이제 우리가 북한 성도들과 백성들에게 그 고역의 때가 끝났음을 선포하며 위로해 주시는 하나님을 두 손 높이 들어 찬양하고 경배합니다.

회개

남한의 깨끗하지 못한 **기업과 경제인들의 죄악을 회개합니다!**

대기업을 비롯한 기업을 책임진 최고경영자들이 자녀들에게 경영권을 승계하기 위해 편법을 사용하고 또 다른 기업들에서는 빚으로 무리한 사업 확장을 추진하면서 그것을 만회하거나 감추기 위해 이중장부를 통해 비자금 등을 만들어 권력자들과 결탁하는 것은 경제계의 단골메뉴처럼 회자된다. 이는 부끄러운 일이 아닐 수 없다. 그러나 한국사회에 이들을 비난할 자격이 있는 사람이 얼마나 될까를 묻지 않을 수 없다. 물질을 하나님보다 더 사랑하기에 그것을 갖기 위해 온갖 부정과 비리를 저지르고 있으며 이로 인해 우리 사회는 빈익빈, 부익부 현상이 두드러지게 나타나고 있다. 그런데 하나님은 성경을 통해 끊임없이 가난한 자들을 돌아보고 하나님이 주신 넉넉함이 있다면 그것을 나누라고 말씀하신다.

누가 여호와의 산에 오르며 누가 그의 거룩한 곳에 서겠느냐 정결한 손과 순결한 마음을 가진 자, 곧 허탄한 것에 마음을 두지 않고 함부로 맹세하지 않는 자로다 그가 여호와께 복을 받고 구원의 하나님께 무죄 판결을 받을 것이니 이러한 자가 여호와를 구하는 자요 야곱의 하나님의 얼굴을 구하는 자라 시 24:3-6라고 말씀하신 주님, 하나님의 복음이 이 땅에 씨앗으로 뿌려지고, 그것이 자라 열매를 맺으며 땅이 복을 받아 우리로 경제적인 부요함을 누리게 하신 하나님을 찬양합니다. 그러나 그 부요함을 하나님의 공의로 다스리지 못하고 부정과 부패 그리고 패역함으로 물질의 노예가 되어온 우리의 죄악을 회개합니다.

기업인들이 정치 권력과 결탁하여 올바른 기업문화를 만들지 못하고 정경유착을 통해 부정과 부패를 일삼는 죄악을 예수 그리스도의 이름으로 대신하여 회개하오니 용서하여 주옵소서.

기업인들이 축적한 부를 사회 환원이나 선한 일에 사용하는 것이 아닌 돈을 세탁하여 부를 축적하고 부정을 행하는 죄악을 예수 그리스도의 이름으로 대신하여 회개하오니 용서하여 주옵소서.

기업을 장악하고 정상적인 기업 활동을 하지 못하게 방해하고 무력을 행사하며 막대한 손해를 끼치고 건강한 기업 발전을 하지 못하게 발목 잡는 강력한 노조들의 패악을 예수 그리스도의 이름으로 대신하여 회개하오니 용서하여 주옵소서.

가상공간에서 가상화폐와 코인 등을 생성하고 거래하며 비정상적인 방법으로 수많은 사람들의 피해를 조장하는 죄악을 예수 그리스도의 이름으로 대신하여 회개하오니 용서하여 주옵소서.

외군인 근로자들에 대하여 정당한 임금을 지불하지 않고 착취해 온 죄악을 예수 그리스도의 이름으로 대신하여 회개하오니 용서하여 주옵소서.

이 땅 백성이 하나님보다 더 돈을 숭상하여 돈을 벌기 위해 사기, 부정, 부패 거짓 모략을 일삼는 죄악을 예수 그리스도의 이름으로 대신하여 회개하오니 용서하여 주옵소서.

간구

북한의 경제문제가 북한 회복에 걸림돌이 되지 않게 하소서!

예전에 우리가 "공산당이 싫어요"라고 외쳤던 이유는 그들이 무서워서였다. 그런데 1인당 국민소득 3만 5천 달러 시대를 바라보는 지금, 남한 사람들 대다수가 통일을 싫어하는 이유는 그때와는 사뭇 다르다. 통일이 된 후 1인당 국민소득이 겨우 1천 불도 되지 않는 거지 같은 북한 사람들과 내 것을 나누고 싶지 않기 때문이다. 이러한 생각이 오늘날 대한민국 사람들 가운데 팽배해 있으며, 심지어 한국교회 안에서도 통일을 원하지 않는 사람들이 많다. 통일이 되면 거지꼴이 된 북한 사람들을 위해 내가 가진 것을 나누고 싶지 않기 때문이다. 이제 한국교회가 북한에 필요한 양식과 물품들을 아낌없이 보내어 하나님의 사랑을 전해야 한다. 그리하여 통일의 때에 북한 주민들의 입술을 통해 "당신들이 우리의 필요를 채워주었다"라는 고백이 드려짐으로 남북한 백성들의 마음이 가까워질 것이다.

통일 시 감당해야 할 경제적인 부담이 싫어 통일을 원하지 않는 악한 마음이 우리 속에 있음을 예수 그리스도의 이름으로 회개합니다. 저희들을 용서하여 주소서. 너희는 주라 그리하면 너희에게 주어질 것이니 후하게 재어 눌러담고 량손으로 흔들어서 흘러 넘치게 돌려 받으리라 너희가 재어서 주는 그 그릇의 크기로 너희가 되돌려 받으리라 눅 6:38라고 말씀하신 주님, 우리 안의 인색한 마음을 회개하오니 용서하여 주소서. 하나님이 풍요케 하신 우리의 손을 펴서 어려운 북한 사람들과 나누는 일에 자원하는 마음을 갖게 하시고, 지금부터 나눌 것을 기도하며 준비케 하소서. 그리하여 통일의 때에 북한 주민들이 남한 성도들을 향해 "당신들이 우릴 기억하고 보내준 사랑을 안다"며 부둥켜안을 수 있게 하여 주소서.

선포

북한 회복을 포기하는
견고한 마음의 진들은 파하여질지어다!

북한을 알면 알수록 통일에 대한 부정적인 마음이 더욱 커지는 것은 부인할 수 없다. 한 민족임에도 생각과 언어와 문화, 교육 등에서 차이가 커서 통일이 되어도 문제라는 인식도 있다. 21세기를 살아가는 요즘 북한은 몇 세기라고 딱히 표현하기도 어려운 그들만의 세계관에 갇혀 대화가 불가능한 경우가 많고, 김일성 부자를 역사의 중심으로 생각하는 북한 주민들을 보며, 남한도 북한을 모르고 북한도 남한을 모르기에 통일이 더욱 어렵다는 생각도 든다. 이제 하나님은 이러한 현실적인 벽 앞에 고정된 우리의 눈을 돌려 하나님을 바라보라고 하신다. 그리고 "내가 행할 그 일을 너희는 잠잠히 보라"고 하시며, 통일에 대한 부정적인 생각과 마음들을 예수 그리스도의 십자가 앞에 모두 못 박으라고 말씀하신다.

우리의 전투 무기가 세상 무기들이 아니라 오직 요새를 무너뜨리는 하나님의 능력이기 때문이다 하나님에 대한 지식을 대적하여 쌓아 올려진 모든 주장과 모든 오만한 장애물을 무너뜨리고 모든 사상을 사로잡아 그리스도께 복종시키니 고후 10:4-5. 주님, 이 민족과 백성은 하나님의 것입니다. 그러므로 이 민족의 회복도 하나님께 달려 있습니다. 이제 우리 안에 통일에 대해 가지고 있는 부정적인 마음과 생각들을 모두 사로잡아 예수 그리스도의 십자가에 못 박습니다. 오직 하늘의 하나님만이 북한 회복의 주관자 되심을 선포하노라!

오늘의 기도

오늘의 기도

DAY 10

찬양 고난 중에도 지키시고 함께하시는 **전능하신 하나님**

회개 하나님의 교회를 파괴하여 예배를 중지케 하고
안식일을 범한 죄악을 회개합니다

간구 20만 명이 수용된 **정치범수용소가 사라지게 하소서**

선포 순교자들의 피와 기도 위에
북한 회복의 기초를 두시는 주님을 찬양합니다

찬양

고난 중에도 지키시고 함께하시는 **전능하신 하나님!**

아브람이 아흔아홉 살이였을 때에 여호와께서 아브람에게 나타나 말씀하시기를, 나는 전능한 하나님이라 너는 나의 앞에서 행하여 완전하게 되어라 창 17:1. 하나님, 1945년 해방과 함께 공산화되어 오늘에 이르는 동안, 북한에서 수많은 백성들이 핍박과 고난에 시달려 왔습니다. 무엇보다 믿음을 지키는 성도들이 죽임을 당하고, 그 가족들이 추방되거나 정치범수용소에 갇히고, 온갖 모욕과 멸시를 당하면서 믿음을 지켜오고 있습니다. 북한의 성도들이 가장 소원하는 것은 하나님의 이름을 마음껏 부르고 하나님께 마음껏 예배하는 것이지만, 78년 동안 그들은 오직 고통 속에 숨어서 하나님의 이름을 불렀을 뿐입니다. 오늘도 신음하는 이들을 보시며 그러자 예수께서 그들을 보시며 말씀하시기를, 사람으로서는 이것이 불가능하나 하나님께는 모든 것이 가능하다 하셨다 마 19:26, 실로 하나님께는 불가능한 것이 없다 하였다 눅 1:37고 선포하시는 전능하신 하나님을 찬양합니다. 이들이 78년 동안 핍박 속에서 믿음을 지킬 수 있었던 것도 전능하신 하나님이 함께하시고, 고난 중에 있는 성도들의 손을 굳세게 붙잡고 계셨기 때문임을 믿고 감사와 찬양을 올려드립니다. 그때에 내가 들으니 크나큰 무리의 큰 음성 같은 소리, 곧 많은 물소리와 같고 엄청난 천둥소리와도 같은 소리가 웨치기를, 할렐루야 주 우리 하나님, 전능하신 이가 다스리시도다 계 19:6라는 말씀대로 전능하신 하나님이 북한 땅과 백성들의 힘과 능력이 되십니다.

회개

하나님의 교회를 파괴하여 예배를 중지케 하고 **안식일을 범한 죄악을 회개합니다!**

"남편과 자녀 둘은 기독교도가 아닙니다. 그러나 김일성 유일사상과 기독교 원리는 상통하므로 가족이 교회에 나가지 않아도 별 문제가 없습니다. 우리 신앙인들에게'하나님은 곧 김일성 주석님이다'라고 생각하고 있습니다. 당연히 신앙인, 기독교인이니까 집(교회)으로 오는데 집으로 와서 '내 마음속의 하나님은 김일성 주석님이십니다' 이런 마음을 갖고 김일성 주석님을 더 잘 믿고 더 잘 받들겠다는 마음을 가집니나. 그리고 저는 예수가 죽었기 때문에 다시 태어난다, 이렇게는 안 믿습니다. 이 과학의 시대에 사람이 죽었다가 다시 살아난다는 것을 믿을 사람이 어디 있습니까?"

이는 1995년 봄, 김일성의 생일을 기념해 평양에서 열린 태양절 축제 당시 조선기독교도연맹 책임지도원이자 봉수교회 전도사인 리성숙이 외국 기자와의 인터뷰에서 밝힌 내용이다. 1907년 평양은 대부흥의 불길이 타올랐던 곳이며, 해방 전 3,188개의 교회가 하나님을 예배하던 동방의 예루살렘이었다. 그러나 1958년 9월 9일, 북한에서 하나님을 예배하는 교회가 공식적으로 사라졌으며, 김일성은 공산당을 앞세워 주일에 의도적으로 모임과 집회를 갖게 하여 성도들이 안식일을 지키지 못하게 했을 뿐만 아니라 믿는 사람들을 색출하는 데 악용하였다.

안식일을 기억하여 거룩하게 지키라 출 20:8고 명하시고, 그들이 내게 대답하기를, 그 지방에서 사로잡힘을 면하고 거기에 남아 있던 사람들이 많은 고초와 수모를 당하고 있으며 예루살렘 성은 파괴되고 성문들은 불탔습니다 하였다 내가 이 말을 듣고 여러 날 주저앉아 울며 슬퍼하고는 하늘의 하나님 앞에 금식하고 기도하며 아뢰기를, 하늘의 하나님 여호와여, 그를 사랑하고 그의 계명을 지키는 자들에게 사랑의 계약을 지키시는 위대하고 두려우신 하나님께 내가 간구합니다 느 1:3-6라고 기도케 하셨던 주님, 해방 전에 세워졌던 3,188개의 교회를 핍박하고 완전히 파괴하여 그 장소를 김일성과 북한 노동당을 위한 건물들로 바꿔버린 죄악을 예수 그리스도의 이름으로 대신하여 회개합니다. 용서하여 주소서.

해방과 함께 오늘에 이르기까지 북한 교회를 탄압하여 그 땅에서 하나님을 예배하지 못하게 한 죄악을 예수 그리스도의 이름으로 대신하여 회개하오니 용서하여 주소서.

북한의 조선그리스도교연맹의 존재 목적을 하나님이 아닌 수령을 위한 것으로 규정한 죄악을 예수 그리스도의 이름으로 대신하여 회개하오니 용서하여 주소서.

조선그리스도교도연맹에 소속된 목사, 전도사 등이 공식적으로 하나님을 부인하고 김일성이 북한의 하나님이라고 천명했던 죄악을 예수 그리스도의 이름으로 대신하여 회개하오니 용서하여 주소서.

안식일을 더럽히지 않고 지키며 자기 손을 금하여 온갖 악을 행하지 않는 자, 이와 같이 행하며 그것을 굳게 붙드는 인생은 복이 있도다 사 56:2라고 하나님이 명령하셨음에도, 북한에 공산정권이 세워지면서 의도적으로 하나님의 백성들로 안식일을 지키지 못하도록 주일에 집회와 모임을 갖게 하고, 안식일을 지키려고 모임에 참석하지 않은 성도들을 색출하여 탄압한 죄악을 예수 그리스도의 이름으로 대신하여 회개하오니 용서하여 주소서.

간구

20만 명이 수용된 정치범수용소가 사라지게 하소서!

북한에서의 정치범은 수령우상화를 반대하거나 수령사상에 이견을 갖고 북한의 사상과 어긋나는 다른 사상, 즉 기독교사상 등을 가지고 침투하는 자를 말한다. 북한의 국가안전보위부에서 운영하는 정치범수용소의 수감 인원은 정확하게 밝혀지지 않았지만, 대략 5-10개소에 약 20만 명이 수용된 것으로 추정된다. 현재 운영이 확인된 정치범수용소는 평안남도 개천군의 14호 관리소, 함경남도 요덕군의 15호 관리소, 함경남도 화성군의 16호 관리소, 함경북도 회령시의 22호 관리소, 함경북도 청진시의 25호 관리소이며, 인민보안성에서 관리하는 평안남도 북창군의 18호 관리소인 것으로 알려져 있다. 현재 정치범수용소에는 약 23만 3천 명의 기독교인이 수용되어 있는 것으로 추산되며(데일리NK), 약 4만여 명의 기독교인들이 북한 전역에 흩어진 강제수용소나 감옥 등에 감금돼 있다는 주장이 나오기도 하였다(데일리NK).

수령신격화 체제를 위협하는 자를 정치범으로 단죄해 해방 이후 지금까지 무수한 백성들을 살상한 북한의 죄악을 예수 그리스도의 이름으로 대신하여 회개합니다. 저희들을 용서하여 주소서. 복 받은 사람들은 의를 위하여 박해를 당하나 하늘나라가 그들의 것이다 마 5:10고 하신 주님, 북한의 정치범수용소에서 자행되는 상상을 초월하는 고문과 살인, 그리고 노동 등으로 고통받고 있는 백성들을 긍휼히 여겨 주소서. 특별히 예수를 믿는다는 이유로 정치범수용소에 갇혀 고통당하는 성도들을 보호하여 주시고, 더 이상 이러한 죄악이 믿는 자들에게 행해지지 않도록 주의 팔로 막아주시고 저들에게 끝까지 견딜 수 있는 믿음을 주소서.

선포

순교자들의 피와 기도 위에 북한 회복의 기초를 두시는 주님을 찬양합니다!

하나님께서 이 민족에게 북한의 회복을 약속하심에는 분명한 이유가 있다. 이 땅에 순교자들의 피가 뿌려져 있고, 하나님께서 기도하는 백성들의 간구를 들으셨을 것이기 때문이다. 성도들의 피를 귀히 여기시며 외면치 아니하시는 하나님의 긍휼과 사랑이 북한 회복의 문을 여실 것이다. 그렇게 행하실 신실하신 하나님을 찬양합니다.

내가 울다가 지치고 밤새도록 내 침상에서 눈물로 홍수를 이루며 나의 진액으로 베개를 적시니 내 눈이 비탄으로 짓무르고 내 모든 대적 때문에 쇠하여갑니다 거짓을 일삼는 자들아, 다 물러가라 여호와께서 내 울음소리를 들으셨다 여호와께서 내 간구를 들으시고 내 기도를 기뻐 받으셨으니 시 6:6-9. 기도하는 백성의 간구를 들으시는 하나님을 찬양합니다. 순교의 피를 흘리며 신앙을 지키는 성도들의 신앙고백을 잊지 않고 기억하시는 주님을 찬양합니다. 이제 순교자들의 피 흘림과 기도 위에 북한 회복의 기초를 두시고 행하실 주님을 찬양합니다.

오늘의 기도

오늘의 기도

DAY 11

찬양 하나님을 대면할 수 있게 허락하신 **친밀하신 하나님**

회개 하나님의 형상대로 지음 받은 백성들의
인권을 유린한 죄악을 회개합니다

간구 하나님의 형상을 가진 사람의 인권을 파괴하는
북한의 가치관이 사라지게 하소서

선포 하나님을 대적하여 수령으로 군림하는 김정은도
회개하고 주께로 돌아올지어다

찬양

하나님을 대면할 수 있게 허락하신
친밀하신 하나님!

한나가 마음이 너무도 쓰라려서 여호와께 기도하고 통곡하며 서원하기를, 만유의 여호와여 정녕코 당신께서 당신의 녀종의 괴로움을 굽어보신다면, 또 나를 기억하시여 당신의 녀종을 잊지 않고 당신의 녀종에게 아들을 주신다면 내가 그의 생애 모든 날 동안 그를 여호와께 드리고 그의 머리에 삭도를 대지 않겠습니다 하였다 삼상 1:10-11. 아들이 없는 한 여인이 애끓는 심정으로 탄식하며 하나님의 성전에 나아와 만군의 여호와 하나님의 이름을 부르며 눈물로 기도할 수 있도록 허락하신 친밀하신 하나님을 찬양합니다. 오늘도 하나님의 얼굴을 구하며 나아가는 자들의 기도를 받으시는 친밀하신 여호와 하나님께 우리 또한 담대히 나아갑니다. 내가 여호와께 이 아이를 구하였더니 여호와께서 내가 구한 대로 나에게 허락하셨습니다 그러므로 내가 그를 여호와께 드렸으니 그가 살아 있는 모든 날 동안 여호와께 드려진 바 될 것입니다 하였다 이에 사무엘이 거기 여호와 앞에서 섬겼다. 친밀하신 하나님, 자식을 구하는 어미의 기도를 들으시고 응답하시는 하나님께서 하나님의 얼굴을 구하는 성도들의 간구를 들으시고 응답하실 것을 믿으며, 친밀하고 다정하신 하나님을 높여 찬양합니다.

회개

하나님의 형상대로 지음 받은 백성들의 인권을 유린한 죄악을 회개합니다!

10월 초, 탈북 성도인 한 일꾼이 가슴 아픈 비보를 접했다. 북한에 두고 온 가족 중 한 명이 자신이 남한으로 탈북한 사실이 발각되는 바람에 정치범수용소에 끌려간 것이다. 알아본 결과 "이제는 찾지 말라, 영원히 나올 수 없는 곳으로 갔다."는 가슴 아픈 이야기를 전해 들었다. 더욱 안타까운 것은 이러한 상황을 사람들에게 알려서 기도를 부탁하고 싶어도, 이것이 알려져 북한에 있는 가족들이 더 어려운 상황에 처하게 될까 봐 숨죽여야만 한다는 것이다. 이런 일은 북한에서 비일비재하다. 북한 당국자들은 자신들이 경제를 망쳐 백성들을 살 수 없는 지경에 몰아넣고는, 어쩔 수 없어 탈북하는 주민들을 잡아들이고, 그 가족까지 정치범수용소에 몰아넣는 악행을 서슴지 않고 있다. 이것은 북한에서 자행되고 있는 인권탄압의 지극히 작은 사례에 불과하다.

여호와 하나님이 이같이 말씀하신다 이스라엘 임금들이여, 그것으로 족하니 폭력과 압제를 없애고 정당하고 의로운 것을 행하라 나의 백성 쫓아내기를 그치라 이는 여호와 하나님의 이르심이다 겔 45:9고 명령하시는 주님, 1945년 남북한이 분단되면서부터 지금까지 하나님의 형상대로 지음 받은 존귀한 백성들을 무차별적으로 죽이고, 탄압하고, 핍박한 북한의 죄악을 회개합니다.

북한의 수령정치와 공산주의사상에 조금이라도 위배되는 발언이나 행동을 하면 가차 없이 정치범수용소에 보내거나 처형한 북한의 죄악을 예수 그리스도의 이름으로 대신하여 회개하오니 용서하여 주소서.

하나님이 인간에게 주신 자유의지를 완전히 박탈하여 개인의 생각을 자유롭게 말하거나 표현하지 못하고, 마음대로 여행도 갈 수 없고, 거주의 자유를 빼앗고 통제하여 감시하는 죄악을 예수 그리스도의 이름으로 대신하여 회개하오니 용서하여 주소서.

굶주림과 여러 가지 어려움으로 북한에 살 수 없어 탈북한 사람들을 강제로 북송하고 탄압해온 죄악을 예수 그리스도의 이름으로 대신하여 회개하오니 용서하여 주소서.

노동당에 의해 북한 전체에 독재체제를 견고히 구축하고 감시와 장악통치를 통해 자유를 빼앗고 탄압하는 죄악을 예수 그리스도의 이름으로 대신하여 회개하오니 용서하여 주소서.

국가보위부에 의한 공포정치를 통해 반당·반혁명에 해당하는 사람들을 적발해 무차별적으로 처형해온 죄악을 예수 그리스도의 이름으로 대신하여 회개하오니 용서하여 주소서.

인민보안성(경찰)에 의한 치안을 목표로 두고 전체 분야를 감시정치로 일관해온 죄악을 예수 그리스도의 이름으로 대신하여 회개하오니 용서하여 주소서.

근로단체(노동자조직-직업총동맹, 농민조직-농군맹, 여성조직-여맹중앙위원회, 청년조직-사로청, 소년단조직-소년단 등)를 통한 사상주입 정치를 일삼아온 죄악을 예수 그리스도의 이름으로 대신하여 회개하오니 용서하여 주소서.

주민들 속에 많은 정보원들을 심어놓고 5호담당제 등의 아주 작은 세포조직을 통해 서로 감시하고 불신하게 만들어온 죄악을 예수 그리스도의 이름으로 대신하여 회개하오니 용서하여 주소서.

분단 이후 여러 차례 성분조사를 실시해 반당.반혁명적 세력을 색출하고 사상성을 점검하여 주민을 3개 계층 51개 부류로 성분을 분류하고, 그것에 근거해 의식주 생활은 물론 진학, 직장 선택 등에서 차별대우를 하고, 성분이 좋지 않은 사람들을 짐승보다 못하게 취급하며, 공개처형과 비밀처형 등을 일삼아 온 죄악을 예수 그리스도의 이름으로 대신하여 회개하오니 용서하여 주소서.

방북한 해외동포들을 자신들의 필요에 따라 감금하고 그들의 인권을 유린한 죄악을 예수 그리스도의 이름으로 대신하여 회개하오니 용서하여 주소서.

경제난 등으로 350만 명 이상의 주민들이 굶어 죽는 상황에서도 백성들을 돌아보지 않는 죄악을 예수 그리스도의 이름으로 대신하여 회개하오니 용서하여 주소서.

극심한 식량난으로 굶주림을 견디다 못해 살기 위해 탈북한 주민들을 강제로 잡아들이고 북송하여 탄압한 죄악을 예수 그리스도의 이름으로 대신하여 회개하오니 용서하여 주소서.

김정은을 위시한 수령 가족들의 실수나 추문을 막기 위해 인민들을 서슴없이 총살하고 추방하는 죄악을 예수 그리스도의 이름으로 대신하여 회개하오니 용서하여 주소서.

이외에도 다양한 방법으로 북한 주민들의 인권을 유린해왔고, 여전히 유린하고 있는 죄악을 예수 그리스도의 이름으로 대신하여 회개하오니 용서하여 주소서.

간구

하나님의 형상을 가진 사람의 인권을 파괴하는 **북한의 가치관이 사라지게 하소서!**

북한 주민들은 하나님의 형상을 가진 사람으로 존중되는 것이 아니라 철저하게 계급적 기준에 따라 취급된다. 이런 이유로 체제에 불응하면, 가차 없이 처형되거나 정치범수용소에 보내진다. 이런 측면에서 한국과 미국인도 처단 대상이며, 남한 사람들도 정치범으로 규정된다. 이러한 북한의 가치관은 앞으로 통일 시에도 많은 갈등과 혼란을 가져올 수 있다. 그러므로 북한의 인권이 사람들을 계급적인 성격이 아닌, 하나님의 형상을 따라 지음 받은 존귀한 존재로 대하는 수준으로 개선되도록 기도해야 한다.

하나님의 형상을 따라 지음 받은 사람에게 계급적 성격을 부여해 자신들의 체제에 불응하면 가차 없이 처단하는 북한의 죄악을 예수 그리스도의 이름으로 대신하여 회개합니다. 저희들을 용서하여 주소서. 나의 이름으로 일컬어지는 내 백성이 스스로 낮추고 기도하며 나의 얼굴을 구하고 그들의 악한 길에서 돌아서면 내가 하늘에서 듣고 그들의 죄를 용서하며 그들의 땅을 고치리라 대하 7:14고 하신 주님, 북한 땅에서 자행되는 하나님의 형상을 파괴하는 죄악이 중지되게 하여 주소서. 또한 사람을 물질화하는 뿌리 깊은 유물론의 가치관이 사라지게 하여 주소서.

선포

하나님을 대적하여 수령으로 군림하는 **김정은도 회개하고 주께로 돌아올지어다!**

한 선교사가 현장에 가서 북한에서 온 성도를 만났다. 이 성도는 남한의 한 선교사가 북한에 들어와 잡히고, 그 일로 발각된 지하교회 성도들이 처형되었다는 평양조선텔레비전 방송을 듣고 대단히 화가 나서 하나님께 기도했다고 한다. "하나님, 하나님을 믿는 선량한 사람들을 무조건 죽이고 처형하는 조선의 악랄한 지도자도 없애주시고, 이 나라도 무너져 망하게 하소서."
그의 이야기를 들은 선교사는 "그렇게 기도하면 안 됩니다. 망하고 없어지라고 기도할 것이 아니라 나라의 지도자가 변하고, 이 나라도 하나님을 믿는 나라로 변하게 해달라고 기도하세요"라고 가르쳐 주었다. 우리도 이렇게 기도해야 한다. 자신의 정권과 체제 유지를 위해 날로 악랄해지고 공포정치로 몰아가는 김정은이 하루속히 회개하고 하나님께 돌아와 용서함을 받을 수 있도록, 북한의 체제 또한 하나님을 경외하고 자유롭게 예배하는 것을 허용하도록 기도하자.

내가 너희에게 말하노니 이와 같이 죄인 한 사람이 회개하면 하나님의 천사들 앞에 기쁨이 있다 눅 15:10. 본질상 진노의 자식으로 태어난 우리 모두가 죽을 수밖에 없는 죄인임에도 긍휼이 풍성하신 하나님은 우리를 용서해주시고, 자녀 삼아 주셨습니다. 북한 전 주민들에게 수령유일사상을 숭배토록 강요하면서 그 체제를 유지하기 위해 공포정치를 일삼고 있는 김정은 또한 구원받아야 하는 죄인입니다. 그로 회개케 하여 주소서. 김정은을 좌우하는 악의 세력들아, 김정은으로부터 떠나 그가 하나님께 돌아와 자기의 죄악을 회개하고 용서함을 구하는 것을 막지 말지어다.

오늘의 기도

DAY 12

찬양 진노 중에도 길이 참으시는 **자비로우신 하나님**

회개 북한 전역에 수많은 혁명사적지와 전적지 및 동상을 세워 북한 주민들로 **김일성 일가를 섬기고 절하게 하는 죄악을 회개합니다**

간구 북한의 모든 우상숭배의 산당이 **무너지게 하소서**

선포 하나님께서 우리에게 **북한을 주셨음을 선포합니다**

찬양

진노 중에도 길이 참으시는 **자비로우신 하나님!**

여호와는 자비하시고 은혜로우시며 노하기를 더디하시고 인의가 풍성하시다 그는 늘 꾸짖으시거나 진노를 영원히 품지는 않으시며 우리의 죄를 따라 우리를 다루지 않으시고 우리의 죄악을 따라 갚지 않으시니 이는 하늘이 땅에서 높음 같이 그를 경외하는 자에게 그의 인의가 크심이라 동이 서에게 먼 것 같이 그가 우리의 죄과를 우리에게서 멀리 옮기셨고 아버지가 자식을 측은히 여김같이 여호와께서 자신을 경외하는 자를 측은히 여기시니 이는 그가 우리의 체질을 아시고 우리가 먼지뿐 임을 기억하심이라 인생은 그 날들이 풀과 같고 그 영화가 들의 꽃과 같으니 바람이 그 우를 지나가면 그것이 없어져 그 있던 자리도 더 이상 그것을 알지 못한다 여호와의 인의는 그를 경외하는 자들에게 영원부터 영원까지 이르고 그의 의는 자손의 자손에게 이르니 시 103:8-17. 우리와 이 민족 그리고 한국교회가 하나님의 은혜를 받는 것은 우리에게 구원을 받을 만한 자격이 있거나 사랑을 받을 만한 선함이 있어서가 아니라 하나님의 전적인 은혜임을 고백하며 감사함으로 나아갑니다. 여전히 악을 행하고, 부족하고, 게으르고, 음란하고, 거짓되고, 교만하고, 탐욕이 넘치고, 불순종하고, 도둑질하고, 세상을 좋아하여 세상의 길로 행하고 있습니다. 그럼에도 당장 멸하지 아니하시고 길이 참으시는 자비로우신 하나님, 참으로 감사합니다. 이제 우리가 하나님의 말씀을 듣고 순종하기로 결단합니다.

회개

북한 전역에 수많은 혁명사적지와 전적지 및 동상을 세워 북한 주민들로 김일성 일가를 섬기고 절하게 하는 죄악을 회개합니다!

힌놈의 아들의 골짜기에 바알 산당들을 짓고 자기 아들과 딸들을 몰렉에게 바쳤으니 그들이 이처럼 역겨운 짓을 행하여 유다로 범죄하게 한 것은 내가 그들에게 명령한 바가 아니고 내 마음으로 생각한 바도 아니었다 렘 32:35고 말씀하신 주님, 북한을 방문하는 사람들을 우선적으로 만수대 광장에 세워진 거대한 김일성 동상으로 안내하여 그것에 절하도록 강요하는 등 북한 전역에 수많은 혁명사적지와 전적지를 만들어 놓고 숭배케 하는 북한의 죄악을 예수 그리스도의 이름으로 대신하여 회개합니다.

김일성과 김정일 그리고 김정은에 이르기까지 그의 일가를 숭배하기 위해 만수대 광장에 세운 김일성과 김정일 동상, 김일성의 생가인 만경대, 김일성과 김정일의 시체가 안치되어 있는 주석궁(금수산궁), 주체사상탑, 영생탑, 김정일의 출생지로 둔갑한 백두산 등 평양을 비롯한 북한 주요 도시 70여 곳에 동상, 사적물 등을 대략 14만 개 정도 설치하고 우상화를 강요하는 북한의 죄악을 예수 그리스도의 이름으로 대신하여 회개하오니 용서하여 주소서.

'김일성·김정일주의연구실'을 행정기관, 산업기관, 군대를 포함하여 전국적으로 약 45만여 곳에 설치하여 북한 주민들에게 우상숭배를 조직적으로 강요하는 죄악을 예수 그리스도의 이름으로 대신하여 회개하오니 용서하여 주소서.

1994년 김일성 사망 이후 그의 사체를 보존해 오면서 매년 100만 달러(약 13억 원)를 사용해 지금까지 총 2,300만 달러(약 300억 원)의 비용을 사용했으며, 2010년부터 김일성 모자이크 벽화 건설을 시작해 2011년 12월 김정일이 사망하고 김정은 집권 이후 전국 각지에 400여 개의 김일성.김정일 모자이크 벽화 제작비용 3,200만 달러(440억), 김일성.김정일 동상(만수대 등 6곳) 제작 950만 달러, 김정일 우상화 1억 1,000만 달러(약 1,190억 원-옥수수 38만 톤 구매 가격, 북한전체주민 38일치 양식), 평양 만수대 언덕에 23m 김정일 동상 등 8개 추가 건립에 5,000만 달러, 김일성과 김정일을 기리는 영생탑 3,200개에 '김정일' 글자 새기는 비용 2,500만 달러, 김일성.김정일 초상화를 웃는 모습으로 교체하는 데 2,000만 달러(2,000만 개 이상) 등을 사용하며 우상화를 강화시킨 죄악을 예수 그리스도의 이름으로 대신하여 회개하오니 용서하여 주소서.

간구

북한의 모든 우상숭배의 산당이 무너지게 하소서!

"우리 마을에서 제일 좋은 곳에 김일성을 찬양하는 영생탑과 유적지가 세워져 있습니다. 그곳이 어찌나 좋은지, 거길 지날 때마다 그 자리에 교회가 세워지면 좋겠다는 생각을 합니다." 북한에 살고 있는 17살 소년의 고백이다. 소련이 무너지고 모스크바에 세워졌던 레닌의 동상이 철거되는 장면이 전 세계에 방영되었다. 북한 전역과 가정에도 우상숭배를 조장하는 건물과 형상들로 넘쳐나고 있다. 북한이 회복될 때에 그 땅을 더럽힌 모든 동상과 건물 등이 빠른 시간 안에 제거될 수 있도록 그리고 그곳에 하나님의 교회가 세워지도록 지금부터 기도로 준비해야 한다.

분단 이후 지금까지 북한 전역에 우상숭배의 바벨탑을 쌓아온 북한이 죄악을 예수 그리스도의 이름으로 내신하여 회개합니다. 저희들을 용서하여 주소서.

그 땅의 주민들을 너희 앞에서 다 몰아내고 그 새긴 석상과 부어 만든 우상을 다 깨뜨리며 그 산당을 다 헐고 민 33:52라고 하신 말씀처럼 북한이 회복될 때에 북한에 우상숭배를 조장했던 모든 산당과 물건 등이 완전하게 제거되고, 그곳에 하나님의 교회가 세워지게 하소서. 이를 위해 지금부터 북한 성도들이 준비하도록 지혜를 주시고, 남한의 성도들이 기도로 동참할 수 있게 하소서.

선포

하나님께서 우리에게 북한을 주셨음을 선포합니다!

이스라엘은 여리고성을 돌라는 하나님의 말씀을 듣고 순종하여 열세바퀴를 돌았으나 아무 일도 일어나지 않았다. 그런데 외치라는 명령과 함께 일제히 함성을 지를 때, 견고한 여리고성이 무너져 내리는 믿을 수 없는 기적이 일어났다. 오늘도 이 땅에 북한 회복을 위해 여리고성을 돌듯 기도하는 사람들이 있다. 이제 우리는 하나님이 그 기도로 인해 북한의 회복을 작정하시고 그것을 우리에게 이미 주셨음을 먼저는 보좌에 계신 하나님께 외치고, 남북한의 교회와 성도들에게 그리고 북한을 놓고 기도하는 전 세계 교회를 향해 외칠 것이다.

여호수아가 백성에게 명령하기를, 너희는 웨치지 말고 너희 음성이 들리게 하지 말고 너희 입에서 어떤 말도 내지 말라 그러나 내가 너희에게 웨치라고 명령하는 날, 그때에 너희가 웨치라 하였다 수 6:10. 굳게 닫힌 북한에 하나님의 복음을 투하하시고, 그 복역의 때가 끝나게 하실 위대하신 하나님을 찬양합니다. 이제 북한 땅에서 모든 묶임을 푸시고, 하나님의 방법으로 북한 회복을 행하시고, 교회를 회복하소서. 견고한 북한의 문은 이제 활짝 열려 그 땅에 하나님을 예배하고 경배하는 찬양으로 충만할 것임을 믿음으로 외칩니다. "하나님께서 우리에게 북한을 주셨다!"

오늘의 기도

오늘의 기도

DAY 13

찬양 임마누엘의 **하나님**

회개 백성들을 무차별적으로 죽이고 **탄압하는 죄악을 회개합니다**

간구 탈북자 척결을 우선순위에 둔 **북한의 정책이 철회되게 하소서**

선포 중국의 동북공정이 **하나님 앞에서 파하여질지어다**

찬양

임마누엘의 하나님!

내가 간구하는 것은 이들만을 위함이 아니고 그들의 말을 통하여 나를 믿게 될 사람들도 위함이니 그들이 모두 하나 되게 하소서 아버지여, 당신께서 내 안에 계시고 내가 당신 안에 있는 것 같이 그들도 우리 안에 있게 하시어 세상으로 당신께서 나를 보내신 것을 믿게 하소서 요 17:20-21. 우리와 함께하시려고 높고 높은 하늘 보좌를 버리시고 이 땅에 오신 임마누엘의 하나님을 기뻐 노래합니다. 이 민족의 5천 년 역사 가운데 하나님을 알지 못하여 어둠에 갇혀 있던 그때에도 함께 계시고, 세계 도처에서 이 땅에 선교사를 보내 복음이 증거되어 역사하던 그 시간에도 함께 계시고, 오늘 하나님이 행하실 북한의 회복을 선포하며 기도하는 우리 가운데도 임마누엘의 하나님으로 함께하심을 감사하는 마음으로 찬양하며 선포합니다.

회개

백성들을 무차별적으로 죽이고 **탄압하는 죄악을 회개합니다!**

너는 여호와 네 하나님의 이름을 함부로 부르지 말라 여호와는 그의 이름을 함부로 부르는 자를 결코 죄 없다고 여기지 않으리라 출 20:7고 말씀하시고, 여호와 하나님이 이같이 말씀하신다 이스라엘 임금들이여, 그것으로 족하니 폭력과 압제를 없애고 정당하고 의로운 것을 행하라 나의 백성 쫓아내기를 그치라 이는 여호와 하나님의 이르심이다 겔 45:9고 명령하신 주님, 1945년 남북한이 분단되면서부터 지금까지 하나님의 형상대로 지음 받은 존귀한 백성들을 무차별적으로 죽이고, 탄압하고, 핍박한 죄악을 회개하며 기도합니다.

북한의 수령정치와 공산주의 사상에 조금이라도 위배되는 발언이나 행동을 하면 가차 없이 정치범수용소에 보내거나 처형하는 북한의 죄악을 예수 그리스도의 이름으로 대신하여 회개하오니 용서하여 주소서.

하나님이 인간에게 주신 자유의지를 완전히 박탈하여 개인의 생각을 자유롭게 말하거나 표현하지 못하게 하고, 마음대로 여행도 갈 수 없도록, 거주의 자유를 빼앗고 통제하고 감시하는 죄악을 예수 그리스도의 이름으로 대신하여 회개하오니 용서하여 주소서.

굶주림과 여러 가지 어려움으로 북한에 살 수 없어 탈북한 사람들을 강제로 북송하고 탄압해온 죄악을 예수 그리스도의 이름으로 대신하여 회개하오니 용서하여 주소서.

정치범수용소 5 6곳, 구류장과 노동단련대 210여 곳, 교화소 23곳, 교양소 5곳, 집결소 27곳 등을 운영하며 수많은 고문, 공개처형, 구타, 노동을 통해 공포와 두려움을 갖게 하여 주민들을 탄압해 온 죄악을 예수 그리스도의 이름으로 대신하여 회개하오니 용서하여 주소서.

탈북자들을 돕거나 북한선교를 감당해온 사람들을 잡아들이거나 처형한 죄악을 예수 그리스도의 이름으로 대신하여 회개하오니 용서하여 주소서.

간구

탈북자 척결을 우선순위에 둔
북한의 정책이 철회되게 하소서!

김정은이 정권을 잡은 후 처음 한 일이 탈북자들을 척결하는 것이었다. 이미 중국이나 한국에 나와 있는 탈북자들을 잡아들이는 한편, 중국과 인접한 국경지대를 철통같이 감시하여 나오지 못하도록 지금까지 봉쇄하고 있다. 이는 탈북자들을 북한체제를 붕괴시키는 위험 세력으로 보기 때문이다. 그런 측면에서 우리는 더 많은 탈북자들이 나올 뿐만 아니라 그들이 복음을 듣고 북한으로 다시 돌아가는 일들이 더욱 활발히 일어날 수 있도록 힘써야 한다. 이를 통해 견고한 북한체제를 흔들어 놓을 수 있을 것이다.

식량난으로 인해 탈북한 수많은 사람들을 강제 북송하여 그들에게 무진 고문과 고통을 가하는 북한의 죄악을 예수 그리스도의 이름으로 대신하여 회개합니다. 저희들을 용서하여 주소서. 산들이 그의 앞에서 진동하고 언덕들이 녹으니 땅과 세계와 그 안에 사는 모든 것이 솟아오른다 나 1:5라고 하심과 같이 탈북자들이 더욱 활발하게 오고 갈 수 있는 길들이 마련되게 하여 주소서. 그리하여 이들의 왕래가 북한의 견고한 체제를 뒤흔들어 하나님이 준비하신 북한 회복을 가져오는 통로가 되게 하소서.

선포

중국의 동북공정이
하나님 앞에서 파하여질지어다!

중국은 북한이 붕괴되면 동북공정 정책에 의해 북한을 자국의 영역권에 두려고 할 것이다. 동북공정이란 "고구려 영토의 일부분이 현재 중국에 속해 있으므로, 고구려는 한국의 역사가 아니라 중국의 역사다"라고 주장하는 것이다. 중국과 우리나라의 경계선인 지금의 동북3성(길림성, 요녕성, 흑룡강성)은 대대로 고조선, 부여, 고구려로 내려오는 우리 민족의 지배지역이었다. 중국은 요동에 거주하는 민족을 항상 동이(東夷: 동쪽의 오랑캐[이방민족]), 예맥, 부여족 등으로 불러, 고구려의 민족이 자신들과 다른 민족이라고 인정했다. 그럼에도 중국은 지금 고구려 영토의 일부가 현재의 자국의 영토에 있으므로 고구려의 역사가 자국의 역사라고 우기고 있다. 이는 유사시 "애초에 고구려는 우리의 지방정권이었으므로 고구려의 도성인 평양은 우리의 지배하에 들어가야 한다"라고 선전하여 압록강을 건너서 평양을 점령하려는 것이다. 중국의 동북공정은 한마디로 '북한지역의 중국령 편입'을 꾀하는 전략이다.

그러나 그들이 말하기를, 이는 헛소리라 우리는 우리 자신의 계획을 따르고 각자의 완악한 뜻을 따라 행하리라 한다 렘 18:12. 중국이 꾀하는 동북공정의 악한 도모는 한반도의 통치자이며 주권자이신 하나님 앞에서 완전히 파하여질 것을 예수 그리스도의 이름으로 선포합니다. 하나님께서 주신 한반도가 중국의 동북공정 책략에 넘겨질 수 없음을 예수 그리스도의 이름으로 선포합니다.

오늘의 기도

DAY 14

찬양 고난받으시고 **다시 사신 성자 하나님**

회개 안국 성치인들의 **죄악을 회개합니다**

간구 재난과 난민 발생 시에 **피 흘림이 중단되게 하소서**

선포 북한의 붕괴 후 피 흘림이 없는 **북한의 회복이 이루어질지어다**

찬양

고난받으시고
다시 사신 성자 하나님!

그가 고난을 받으신 후에 사도들에게 확실한 많은 증거로 자신이 살아 계신 것을 보여주시며 마흔 날 동안 그들에게 나타나시고 하나님의 나라에 대하여 말씀하셨으니 행 1:3. 죄인 된 우리를 구원하시려고 높고 높은 보좌를 버리고 낮고 낮은 이 땅에 오시는 고난을 마다하지 아니하신 성자 하나님, 그 아들을 십자가에 내어주고 십자가의 고통을 함께 담당하신 성부 하나님 그리고 그 고통의 자리에 함께 계셨던 성령 하나님을 찬양합니다. 이는 그리스도께서 죽은 자들 가운데서 일으킴 받으셨으므로 다시는 그가 죽지 않으시고 사망이 더 이상 그를 지배하지 못할 것임을 우리가 알기 때문이다 롬 6:9. 사망이 고난 중에 있는 백성들을 주장하지 못하게 하시고, 그리스도께서 사망권세를 이기셨음을 하늘과 땅과 온 만물에게 선포하신 하나님을 손뼉을 치며 찬양합니다. 오늘 여기 모인 우리와 북녘 땅에서 고난 중에 있는 주님의 백성들이 특별히 고난을 받으시고 사망권세를 이기시고 다시 사신 하나님을 높이어 노래하고 영광을 돌려드립니다.

회개

한국 정치인들의 죄악을 회개합니다!

하나님은 백성들을 돌아보고 섬기라고 정치인들을 세우셨다. 그러나 현재 남한의 여당과 야당은 모두 자기 당의 유익앞에 국민의 안위 따위는 안중에도 없고, 개인의 유익과 살 길을 도모하기 위해 당을 쉽게 바꾸며 정치적 지조와 절개를 쉽게 내팽개치고 있다. 위정자들은 국민을 섬기는 데 그들의 권위를 행사하는 것이 아니라 백성을 향해 그 권력을 휘두르거나 개인적 이익을 위해 남용한다. 이러한 행태는 입법, 사법, 행정부에 걸친 거의 모든 부서와 기관, 위정자들에게 퍼져 있으며, 진정 국민을 두려워하며 국민을 위하는 소신 있는 위정자들을 찾기 어렵다.

여호와께서 이같이 말씀하신다 한갓 인간을 신뢰하고 한갓 육신을 자기 힘으로 삼으며 마음이 여호와로부터 떠나 있는 자들은 저주를 받으리라 렘 17:5. 이 나라와 우리의 왕이며 통치자이신 여호와 하나님, 나라와 민족 그리고 백성들을 섬기라고 하나님께서 맡겨주신 힘과 권력을 오직 자신들의 이익을 위해 사용하기에 급급한 한국의 입법, 사법, 행정 기관의 지도자들과 정치인들의 죄악을 회개합니다.

위정자들이 자신이 가진 힘과 권력을 국민을 섬기는 목적이 아닌, 개인의 유익과 안위를 위해 남용한 죄악을 회개하오니 용서하여 주소서.

법을 세우고 시행하는 입법과 사법기관(검찰, 경찰)이 정치논리와 특정 집단의 이해관계에 얽매여 온전히 국민을 위한 법을 제정하고 시행하지 못하고 있음을 회개하오니 용서하여 주소서.

국민에게 모범을 보여야 할 정치인들이 하나님의 공의를 무시하고 조세 포탈, 청렴, 뇌물 등의 각종 비리와 추문에 연루된 죄악을 회개하오니 용서하여 주소서.

특별히, 북한의 은밀한 지원과 배후 조종 아래 정치 집단을 형성하여 남한 사회를 교란시키고, 북한의 지령을 시행한 세력의 죄악을 회개하오니 용서하여 주소서.

간구

재난과 난민 발생 시에 피 흘림이 중단되게 하소서!

고난의 행군 중 황해제철소에서 폭동이 일어났을 때, 김정일은 탱크부대를 동원해 황해제철소 전체를 깔아뭉갰다. 현재 북한 주민 전체가 난민 상태에 놓여 있다. 따라서 현 체제에 반대하는 세력들에 의해 긴급한 상황, 또는 총체적인 경제적 난국으로 인해 황해제철소와 같은 폭동이 일어나면 무고한 생명들이 피 흘리는 사태가 발생할 수 있다. 뿐만 아니라 걷잡을 수 없는 난민사태로 유혈충돌이 발생하지 않도록 막아서는 기도가 필요하다. 또한 한국교회가 북한의 재난발생 시를 대비하여 재난구조에 투입될 수 있는 대원들을 실제적이고 구체적으로 훈련시켜 대비할 수 있어야 한다.

체제 유지를 위해 인명을 살상하는 죄악을 아무렇지 않게 자행하는 북한 지도부의 악행을 예수 그리스도의 이름으로 대신하여 회개합니다. 저희들을 용서하여 주소서. 내가 전에 용서하지 않았던 그들의 피 흘린 죄를 용서할 것이니 이는 여호와가 시온에 거함이라 욜 3:21고 하신 주님, 북한 땅에서 재난이 일어날 때 무고한 생명들이 죽는 일이 발생하지 않도록 긍휼을 더하여 주소서. 거대한 난민사태가 발생하더라도 그로 인해 백성들이 희생되는 상황으로 치닫지 않도록 하나님의 강한 능력으로 다스려 주소서. 또한 환난의 날을 대비하라는 파수꾼의 외침이 있으나 '설마 그런 일이 우리에게 있으랴' 하는 무뎌진 마음으로 안전함을 자랑하는 한국교회를 대신하여 예수 그리스도의 이름으로 회개합니다. 너는 포위당할 것에 대비하여 물을 끌어놓고 너의 성채들을 튼튼하게 하며 진흙에 들어가서 흙을 밟아 벽돌 가마를 수리하라 나 3:14고 하신 주님, 예측할 수 없는 북한의 상황으로 인해 피난민이 대거 발생할 것을 대비하여 한국교회가 재난구조 등의 훈련을 미리 준비할 수 있게 하소서.

선포

북한의 붕괴 후 피 흘림이 없는 **북한의 회복이 이루어질지어다!**

북한의 붕괴 후 예측할 수 없는 많은 혼란과 문제들이 발생할 수 있으며, 이 과정에서 피 흘림이 일어날 수 있다. 그러므로 우리는 북한의 붕괴나 급변사태 발생 시, 북한이 복음으로 회복되어 피 흘림이 없는 완전한 회복을 주시도록 기도해야 한다. 그리고 그 일을 위해 한국교회와 모든 성도들이 준비해야 한다.

보라, 내가 새 일을 행하리니 이제 그것이 나타나리라 너희가 그것을 알아차리지 못하겠느냐 내가 광야에 길을 내고 사막에 강을 낼 것이니 들짐승들이 나를 존경하고 승냥이와 타조도 그리하리라 이는 내가 광야에 물을 대고 사막에 강을 내여 나의 택한 백성으로 마시게 할 것임이라 사 43:19-20. 하나님이 북한의 회복을 이루실 때 한국 정부가 빠른 시간 안에 북한에 들어가 정치적으로 안정을 되찾을 수 있도록, 군대의 개입으로 무력 충돌이나 유혈 폭동이 일어나지 않고 평화를 가져오도록, 경제적으로 어려운 주민들의 생활을 도울 수 있도록, 그리고 도탄에 빠진 그들이 조속한 시일 내에 회복되도록 섬길 수 있게 우리를 준비시키시는 완전하신 주님을 찬양합니다. 복음으로 피 흘림이 없는 완전한 회복이 이 땅 가운데 임할지어다.

오늘의 기도

오늘의 기도

DAY 15

찬양 우리를 보호하시고 교통하시는 **보혜사 성령 하나님**

회개 한반도의 통일을 방해하는 **세계열강들의 죄악을 회개합니다**

간구 한반도를 둘러싼 주변 국가들이
남북한의 통일을 저해하지 못하게 하소서

선포 한반도에서 세계열강들의
주도권 싸움이 완전히 사라질지어다

찬양

우리를 보호하시고 교통하시는 **보혜사 성령 하나님!**

그 보혜사, 곧 아버지께서 내 이름으로 보내실 성령, 그가 너희에게 모든 것을 가르치고 내가 너희에게 말한 모든 것을 기억나게 하리라 요 14:26. 우리를 고아와 같이 버려두지 아니하시고 보혜사 성령 하나님을 보내사 보호하시고 위로하시고 인도하심으로 하나님의 자녀임을 인치신 성령 하나님을 찬양하고 경배합니다. 주 예수 그리스도의 은혜와 하나님의 사랑과 성령의 교제가 너희 모두에게 있기를 원한다 고후 13:13. 우리가 모여 하나님의 이름을 부르고 찾을 때 영원부터 영원까지 함께하시며 교통케 하시는 보혜사 성령 하나님이 오셔서 말씀하시고, 인도하시고, 보호하시고, 교통하심을 인하여 보혜사 성령 하나님의 이름을 높여 찬양하오니 영광을 받으소서. 할렐루야!

회개

한반도의 통일을 방해하는 **세계열강들의 죄악을 회개합니다!**

5천 년의 역사를 가진 우리나라는 주변의 강대국으로부터 수없이 많은 침략을 받아 오늘에 이르고 있다. 민족이 풍전등화와 같은 위기에 봉착했던 적이 한두 번이 아니었고, 흔적조차 없이 사라질 위기 또한 여러 번 있었다. 그것은 오늘도 예외가 아니다. 특히 남북한이 분단되어 있는 상황에서 한반도는 지정학적으로 세계열강이 자국의 이익을 위해 양보할 수 없는 위치에 놓여 있다. 그러나 하나님께서는 이 민족 가운데 회복을 이루실 것을 약속해 주셨다. 그 하나님의 뜻은 어떤 열강도 막을 수 없다.

둥지 우를 맴도는 새 같이 만유의 여호와가 예루살렘을 보호할 것인즉 그것을 방어하며 건지고 그 우로 오가며 지키리라 하셨다 사 31:5고 말씀하신 주님, 한반도를 둘러싼 주변 국가들이 남북한의 통일을 기뻐하지 아니하고 방해하려는 모든 의도와 계략을 예수 그리스도의 이름으로 대신하여 회개합니다. 저들을 용서하여 주소서.

간구

한반도를 둘러싼 주변 국가들이 남북한의 통일을 저해하지 못하게 하소서!

남한과 북한이 대치된 가운데 한반도는 미국과 중국, 일본, 러시아 등 주변 강대국들과의 역학관계로 복잡하게 얽혀 있다. 이들 나라들 가운데 누구도 한반도의 통일을 원하지 않고 있다. 따라서 이들의 개입으로 하나님이 행하시는 한반도의 통일이 방해받지 않도록 기도해야 한다.

힘이 없는 이 민족의 통일을 방해하는 세계열강의 죄악을 예수 그리스도의 이름으로 대신하여 회개합니다. 저희들을 용서하여 주소서. 여호와께서 모세에게 말씀하시기를, 이제 너는 내가 바로에게 행하는 일들을 보게 될 것이니 나의 강한 손으로 인하여 바로가 그들을 내보내고 나의 강한 손으로 인하여 바로가 자기 땅에서 그들을 몰아내리라 하셨다 출 6:1고 하신 주님, 하나님께서 북한의 회복을 행하실 때에 주변의 강대국들이 가시가 되지 않게 하시고, 저들로 그런 역할로 징계를 당치 않도록 긍휼히 여겨 주소서. 오직 하나님께서 이 민족의 회복을 이루시는 힘과 능력이 되실 그때에 이 민족이 그 뜻을 보며 준비케 하시고 순종케 하소서.

선포

한반도에서 세계열강들의 **주도권 싸움이 완전히 사라질지어다!**

미국은 북한의 혼란과 붕괴 시에 중국이 영향력을 행사하지 못하도록 막을 것이다. 반면 중국은 남북한이 통일되어 미국의 강력한 영향력이 북한에까지 미치는 것을 절대로 용납하지 않고 막을 것이다. 이러한 열강들의 이권다툼으로 인해 이 땅에서 또 다시 제2의 청일전쟁, 러일전쟁이 발생하지 않도록 기도합니다.

네가 많은 나라를 략탈하였으므로 그 나라들 가운데 살아남은 자들이 다 너를 략탈할 것이니 이는 네가 사람의 피를 흘리고 그 땅과 성읍들과 그 안에 사는 모든 사람에게 폭력을 행하였음이라 합 2:8. 모든 것 위에 뛰어나신 여호와께서 세계열강의 한반도에 대한 야욕을 기뻐하지 아니하시고 끝내 하나님의 주권을 행하시겠다고 약속하심을 찬양합니다. 말씀하신 대로 세계열강이 결코 이 땅에서 주도권을 행사하지 못하고, 하나님께서 이 땅의 주권을 이 민족에게로 돌리실 것임을 믿고 선포합니다.

오늘의 기도

DAY 16

찬양 한국교회로 선교케 하신 **스스로 존재하시는 하나님**

회개 한국교회의 **죄악을 회개합니다**

간구 한국교회가 북한 회복을 준비하며 **기도하게 하소서**

선포 선교하는 백성과 교회가 **이 땅에서 일어날지어다**

찬양

한국교회로 선교케 하신 스스로 존재하시는 하나님!

그러자 모세가 하나님께 묻기를, 내가 누구이기에 감히 바로에게 가서 이스라엘 자손을 애굽에서 이끌어 내겠습니까 하니 하나님이 대답하시기를, 내가 너와 함께 있으리라 네가 애굽에서 그 백성을 이끌어 낸 후에 너희가 이 산에서 나를 경배할 것이니 이것이 내가 너를 보낸 징표이다 하셨다 그러나 모세가 하나님께 묻기를, 보십시오 내가 이스라엘 자손에게 가서 말하기를, 너희 조상들의 하나님이 나를 너희에게 보내셨다 할 때에 그들이 내게 묻기를, 그분의 이름이 무엇이냐 하면 내가 그들에게 무엇이라고 대답해야 합니까 하니 하나님이 모세에게 대답하시기를, 나는 나 자신이다 하시고 또 말씀하시기를, 너는 이스라엘 자손에게 이같이 전하되, 나 자신이라는 분이 나를 너희에게 보내셨다 하라 하셨다 하나님이 다시 모세에게 이같이 말씀하셨다 너는 이스라엘 자손에게 전하기를, 여호와 너희 조상들의 하나님, 곧 아브라함의 하나님, 이삭의 하나님, 야곱의 하나님이 나를 너희에게 보내셨다 하라 이것이 나의 영원한 이름이요 이것이 대대로 기념할 나의 칭호이다 출 3:11-15하신 하나님, 한국에 복음이 증거되고 얼마 되지 않아 한국교회가 중국의 산동반도에 선교사를 파송하는 등 초기부터 선교하는 교회가 되어 스스로 존재하시는 하나님을 전파할 수 있게 하심을 찬양합니다. 그리고 1960-70년대 한국교회에 기도의 불길이 타오르게 하시고, 특별히 나라와 민족의 위기 앞에서 하나님의 얼굴을 구하게 하셨습니다. 그 과정에서 많은 젊은이들이 세계 열방에 나아가 스스로 존재하시는 하나님을 전하게 하셨습니다. 지금도 한국으로 많은 선교사를 파송하는 선교강국으로 복 주셔서 스스로 존재하시는 하나님이심을 나타내게 하시는 하나님을 찬양합니다.

회개

한국교회의 죄악을 회개합니다!

"세계에서 제일 큰 교회가 한국에 있다. 세계교회가 한국교회의 놀라운 성장에 주목하였다. 한국교회는 세계에서 가장 열심히, 많이, 큰 소리로 기도하는 교회이다. 한국교회는 세계에서 두 번째로 선교사를 많이 파송하고 있다."이것은 우리 스스로 한국교회를 놓고 하는 말이다.

그런데 오늘 한국교회는 세상 사람들로부터 '개독교'라고 손가락질을 당하고 있으며, 종교 호감도 조사에서도 기독교는 제일 이미지가 나쁜 종교로 지목되고 있다. 한때 1,000-1,200만을 자랑하던 기독교 인구가 800만 명 이하로 발표된 지 오래다. 최근 각 교단이 발표한 통계보고에 의하면, 기독교인 수가 급격하게 감소한 것으로 나타났다. 한국교회의 죄악으로 인해 전도의 문이 닫히고 있을 뿐만 아니라 기존의 성도들마저 떠나고 있다. 이것이 현재 한국교회가 처한 실상이며 현주소이다. 이렇듯 참담한 한국교회의 현실에 대해 하나님은 한국교회의 목회자와 성도들에게 그 책임을 물으실 것이다.

사람들이 자기를 사랑하고 돈을 사랑하며 뽐내고 교만하며 모독하는 말을 하고 부모에게 불순종하며 감사하지 않고 거룩하지 못하며 무자비하고 용서하지 않으며 중상모략하고 절제하지 않으며 란폭하고 선한 것을 대적하며 반역하고 무모하며 자만하고 하나님보다 쾌락을 더 사랑하며 경건의 모양은 가졌으나 그 능력은 거부할 것이니 너는 이러한 사람들을 피하라 딤후 3:2-5고 하신 주님, 예수님의 피로 값 주고 사신 한국교회가 하나님보다 물질을 구하고, 명예를 좇고, 권력을 탐하고, 쾌락과 음란함과 교만을 먹고 마시는 죄악을 범하였음을 회개하며 기도합니다.

간구

한국교회가 북한 회복을 준비하며 **기도하게 하소서!**

북한은 이미 전체가 난민촌이 되어버렸다. 이런 상황에서 내부적으로 일어나는 어떤 균열의 조짐이나 외부적인 자극에 의해 대량 난민사태가 일어날 수 있다. 뿐만 아니라 북한이 회복 될 때, 북한 주민들은 피난민이 되어 몰려올 것이다. 이에 한국교회는 재난 시에 피난민을 맞을 영적.물리적인 준비를 하며 북한 회복을 위해 기도할 수 있어야 한다. 특별히 남한의 성도들이 곧 북한 회복이 이루어질 것을 대비해 준비하면서 각 가정마다 유사시에 필요한 물품을 준비해야 한다. 북한 4인 가정에 꼭 필요한 생필품과 의류 등을 가정에 준비해 두고 기도하는 것이야말로 하나님이 행하실 북한의 회복을 믿고 순종하는 자세일 것이다.

북한에 수많은 사람들이 굶주림에 고통당하는 상황인에도 한국교회와 성도들이 그들을 그리스도의 사랑으로 끌어안지 못했음을 예수 그리스도의 이름으로 회개합니다. 저희들을 용서하여 주소서. 이 내 형제들 중에 가장 작은 자 하나에게 너희가 행한 것이 바로 나에게 행한 것이다 마 25:40고 말씀하신 주님, 우리에게 굶주리고 헐벗은 나그네가 되어 찾아오는 그들에게 꼭 필요한 물품들을 지금부터 준비하며 기도하게 하소서. 한국교회가 재난 시에 피난민을 맞을 수 있도록 영적.물리적으로 준비되어 복음을 전할 수 있게 하소서.

선포

선교하는 백성과 교회가 이 땅에서 일어날지어다!

세계교회가 한국교회를 주목하는 것은 한국이 선교의 대표성을 지니고 있기 때문이다. 그러나 많은 선교사를 파송하고 있는 한국교회가 교회 본연의 능력과 역할을 잃어버려 복음의 능력을 나타내지 못하는 것도 부인할 수 없는 현실이다. 그럼에도 불구하고 하나님은 선교하는 한국교회를 향해 더욱 복음 증거의 기치를 높이 들라고 말씀하신다. 최근 한국교회의 선교에 대한 열정이 점점 더 식고 있다.

그러므로 너희는 가서 모든 민족을 제자로 삼아 아버지와 아들과 성령의 이름으로 세례를 베풀고 내가 너희에게 명령한 모든 것을 가르쳐 지키게 하라 보라, 내가 세상 끝날까지 너희와 항상 함께 있으리라 하셨다 마 28:19-20. 친히 하늘의 높은 보좌를 버리고 이 땅에 죄인을 구원하시려고 오신 예수님처럼 복음을 증거함에 자기 생명을 버리기까지 헌신하는 일꾼들을 한국교회에 불러 세우심을 찬양합니다. 남북한 교회 안에 주님을 닮은 성품과 사랑을 가지고 세계 열방 가운데 복음 전하는 사명자들이 일어나 하나님의 선교에 참여하여 하나님의 기쁨이 될지어다!

오늘의 기도

DAY 17

찬양 이 민족 가운데 **북한의 회복을 약속하신 완전하신 하나님**

회개 안국과 해외에 있는 **한민족 성도들의 죄를 회개합니다**

간구 이념이나 사상이 아닌 **복음으로 북한이 회복되게 하소서**

선포 할렐루야 ! 분단된 이 민족을 **회복케 하시는 주님을 찬양합니다**

찬양

이 민족 가운데
북한의 회복을 약속하신 완전하신 하나님!

이 하나님의 길은 완전하고 여호와의 약속은 진실함이 립증되니 그는 그에게 피하는 모든 자에게 방패이시다 여호와 외에 누가 하나님이며 우리 하나님 이외에 누가 반석이냐 그는 나를 힘으로 띠 띠워주며 나의 길을 안전하게 지키는 하나님이시니 시 18:30-32. 하나님, 1945년 해방과 함께 분단을 맞이한 이 민족은 5년 뒤 동족이 총부리를 겨누고 죽고 죽이는 전쟁으로 인하여 땅도, 사람도 찢어지고 상처투성이가 되었습니다. 분단되어 78년을 지나오는 동안 북한은 수많은 간첩을 남한에 침투시키는 등의 도발을 일삼았고, 남한도 북한을 미워하고 사랑하지 못한 곤고한 인생이며 국가로 살아왔습니다. 그런 우리에게 하나님께서 복음을 전하며 선교할 것을 명령하시고, 순종케 하셨음을 인하여 감사와 찬양을 드립니다.

주께서는 어떤 사람들이 더디다고 생각하는 것같이 자신의 약속에 대하여 더디신 것이 아니고 다만 너희에게 참고 계시는 것이니 이는 어느 누구도 멸망하지 않고 다 회개에 이르기를 그가 원하시기 때문이다 벧후 3:9. 이 민족 가운데 이제 하나님의 때에 복음으로 북한을 회복하실 것을 말씀하시고, 우리로 그 말씀을 붙잡고 믿음 위에 서서 북한의 회복을 바라보게 하시는 완전하신 하나님을 찬양합니다.

회개

한국과 해외에 있는
한민족 성도들의 죄를 회개합니다!

온 한국교회 안에 회개의 영을 부으사, 차고 넘치는 죄악을 견딜 수 없어 마음을 찢으며 자복하게 하시고, 회개하여 정결해진 심령들마다 성령으로 기름 부으사 남한 땅에 하나님이 원하시는 부흥을 일으켜주옵소서.

너희는 이 세상이나 세상에 있는 것을 사랑하지 말라 누구든지 세상을 사랑하면 아버지의 사랑이 그 사람 안에 있지 않다 요일 2:15라고 하신 하나님, **이에 내가 부르짖기를, 내게 화로다 내가 망하게 되었다 이는 내가 입술이 부정한 자요 또 입술이 부정한 백성 가운데 살면서 내 눈이 만유의 여호와이신 임금을 뵈었음이라 하였다** 사 6:5라고 말한 이사야의 고백이 지금 이 시대의 성도들의 고백이 되게 하소서. 남한교회의 성도들이 세상의 죄악과 불법을 향한 정죄를 멈추고, 여호와의 거룩하심 앞에 부정한 자기 자신을 먼저 보게 하시고, 겸비함으로 모든 죄악의 길에서 돌이켜 하나님과 그의 말씀으로 돌아오기를 회개하며 기도합니다.

교회 안에서 자기 열심으로 섬기며 하나님께 영광을 돌리지 않는 죄악을 회개하오니 용서하여 주소서.

교회의 직분을 섬김이 아닌 명예와 힘을 자랑하는 상징으로 생각하고 교회 위에 군림하고 직분을 남용했던 죄악을 회개하오니 용서하여 주소서.

세상에서 구별된 성도의 모습으로 살지 못하고 세속화된 죄악을 회개하오니 용서하여 주소서.

세상적인 가치를 좇음으로 선교에 열심을 내지 않는 죄악을 회개하오니 용서하여 주소서.

탐욕과 음란과 사치함과 방종에 이끌려 하나님을 배반한 죄악을 회개하오니 용서하여 주소서.

교회 안에서 분쟁과 시기와 분냄과 당 짓는 것과 분리함으로 형제 사랑을 실천하지 못하고, 하나님이 세우신 아름다운 공동체를 파괴한 죄악을 회개하오니 용서하여 주소서.

간구

이념이나 사상이 아닌
복음으로 북한이 회복되게 하소서!

남한도 통일을 원하고, 북한도 통일을 원한다. 그러나 남북한은 서로 다른 통일을 말하고 있다. 북한은 수령독재체제 이념에 근거를 둔 사회주의적 적화통일을 원하고, 남한은 평화통일을 원한다. 남한 또한 같은 민족이라는 차원에서 민족적인 통일을 원하고 있는데, 이 방법으로는 진정한 평화를 가져올 수 없다. 우리는 하나님이 원하시는 북한 회복을 이룰 수 있도록 기도해야 한다. 오직 복음으로만 진정한 평화를 가져올 수 있기 때문이다.

통일을 원하지만 남과 북이 서로 다른 마음으로 사랑하지 못했던 죄악을 예수 그리스도의 이름으로 회개합니다. 저희들을 용서하여 주소서. 하나님이 뛰여난 시혜와 총잘 가운데 그리스도 안에 세우신 그의 선한 목적에 따라 그의 뜻의 비밀을 우리에게 알리셨으니 이는 때의 완성을 위한 계획으로서 만유, 곧 하늘에 있는 것과 땅에 있는 것이 머리가 되시는 그리스도 안에서 하나가 되게 하려 하심이라 엡 1:9-10. 주님, 적화통일을 원하는 북한과 민족적인 차원에서의 통일을 원하는 남한의 모든 생각과 견고한 진들을 파하여 주소서. 오직 하나님의 주권 안에서 복음으로만 북한의 회복을 이룰 수 있음을 남북한이 서로 알고 복음 증거에 더욱 힘쓰게 하소서.

선포

할렐루야 ! 분단된 이 민족을
회복케 하시는 주님을 찬양합니다!

여호와께서 이같이 말씀하신다 사람이나 짐승이 없는 황폐한 곳이라고 너희가 말하였던 이곳과 황폐하여 주민이나 사람이나 짐승이 없었던 유다 마을들과 예루살렘 거리에서 다시 한 번 소리가 들려올 것이니 이는 유쾌하게 떠드는 소리 기쁨의 소리, 신랑의 음성과 신부의 음성 여호와의 전에 감사례물을 가져오면서, 만유의 여호와께 감사하라 여호와는 선하시며 그 인의가 영원하도다 하고 노래하는 자들의 음성이라 실로 내가 그 땅의 복락을 예전처럼 회복시키리라 이는 여호와의 이르심이다 렘 33:10-11라고 말씀하신 하나님, 이 민족의 회복을 선포하시고 희년의 나팔을 크게 울려 퍼지게 하시는 주님을 소리 높여 찬양합니다. 온 하나님의 사람들아, 주 여호와 하나님을 찬양할지어다. 주의 인자하심이 영원함이라!

오늘의 기도

DAY 18

찬양 이 민족이 악한 길로 행할 때 **채찍을 드신 공의로우신 하나님**

회개 한국과 해외에 있는 **목회자들의 죄를 회개합니다**

간구 북한이 붕괴될 때 **하나님을 경외하는 지도자가 일어나게 하소서**

선포 하나님이 이루시는 북한의 회복에 합당한 **후계자가 세워질지어다**

찬양

이 민족이 악한 길로 행할 때 **채찍을 드신 공의로우신 하나님!**

내가 정의를 줄자로 삼고 공의를 저울추로 삼을 것이니 우박이 거짓의 도피처를 휩쓸어 버리고 물결이 쉼터를 덮치리라 사 28:17. 하나님을 배반하고 이 나라와 민족 그리고 우리의 조상들이 신사참배를 결의하고, 가난하고 힘없는 백성들을 돌아보는 것이 아니라 그들의 가진 것을 빼앗는 죄악을 행할 때에, 그것을 내버려두지 아니하시고 채찍을 드심으로 다시 한 번 이 나라의 백성들과 교회가 하나님 앞에 나아가 엎드려 회개할 수 있게 하신 공의로우신 하나님, 참으로 감사합니다.

또 내가 들으니 물들의 천사가 말하기를, 지금도 계시고 전에도 계셨던 거룩하신 이여, 당신께서 이러한 것들을 심판하셨으니 의로우십니다 사람들이 성도들과 대언자들을 피 흘리게 하였으므로 당신께서 그들에게 피를 주어 마시게 하셨으니 그것이 그들에게 마땅합니다 하였다 또 내가 들으니 그 제단이 응답하기를, 그렇습니다 주 하나님 전능하신 이여, 당신의 심판은 참되고 의롭습니다 하였다 계 16:5-7. 이 나라와 민족 가운데 하나님이 행하신 모든 것이 공의로우십니다. 사생아처럼 우리를 버려두지 않으시고 이 민족과 백성들로 더욱 겸손케 하시기 위해 공의로우신 하나님의 견책이 떠나지 않게 하심을 찬양하고 감사합니다.

회개

한국교회와 해외에 있는 목회자들의 죄를 회개합니다!

강단에서 복음의 진리를 선포하지 않고, 하나님보다 성도들의 비위를 맞추려고 복음 이외에 듣기 좋은 것을 말함으로 복음을 왜곡하고 성도를 진리에서 떠나게 한 목회자들의 죄악을 회개하오니 용서하여 주소서.

물질적 탐욕에 이끌려 교회의 재정을 횡령하는 등 온갖 사기와 거짓으로 성도를 실족시키고, 교회를 분열케 한 죄악을 회개하오니 용서하여 주소서.

교회를 자녀에게 세습하는 등의 행위로 하나님의 기름부음과 권위를 무시한 죄악을 회개하오니 용서하여 주소서.

명예와 권력을 위하여 단체장, 노회장, 총회장 선거에 출마하거나 금권선거를 펼치며 돈으로 권력을 사고파는 죄악을 회개하오니 용서하여 주소서. 학력과 학문연구 등의 사실을 위조하는 거짓의 영에 사로잡힌 목회자들의 죄악을 회개하오니 용서하여 주소서.

성적 타락의 죄악을 회개하오니 용서하여 주소서.

자랑하고 과시할 목적으로 교회를 화려하게 꾸미거나 대형 교회를 건축하는 죄악을 회개하오니 용서하여 주소서.

영적으로 무지하고 둔감하며 영적 분별력을 상실해버린 목회자들의 죄악을 회개하오니 용서하여 주소서.

하나님의 교회를 자신들의 욕심을 따라 서로 사고파는 등의 거래를 일삼는 죄악을 회개하오니 용서하여 주소서.

간구

북한이 붕괴될 때 하나님을 경외하는 지도자가 일어나게 하소서!

대다수의 남한 사람들은 북한이 무너지면 곧 통일이 오는 것으로 생각한다. 그러나 북한이 무너질 때의 상황은 그렇게 간단하게 끝나지 않는다. 그러므로 우리는 어떤 형태로든 북한의 현 체제가 붕괴될 때 하나님을 알고 두려워하는 차기 지도자가 세워질 수 있도록 기도해야 한다.

1945년 해방과 함께 남북이 분단된 이후, 서로에 대한 증오와 미움을 조장했던 남북한 지도자들의 죄악을 예수 그리스도의 이름으로 대신하여 회개합니다. 저희들을 용서하여 주소서. 여호와를 경외함은 생명으로 인도하니 그것으로 채워진 자는 만족한 쉼을 누리고 재앙을 당하지 않으리라 잠 19:23. 주님, 위태로운 북한이 어떤 이유로든 붕괴될 때에 그 혼란스런 상황에서 하나님을 두려워하고 경외하는 지도자가 세워지게 하소서. 그리하여 잠언 19장 23절의 말씀처럼 하나님을 경외하는 지도자가 세워져 그 땅이 주 안에서 평화를 누리고 백성들이 윤택함을 누릴 수 있게 하여 주소서.

선포

하나님이 이루시는 북한의 회복에 합당한 **후계자가 세워질지어다!**

집권 11년을 맞은 김정은은 김정일보다 더한 폭군으로 변해가고 있다. 자신이 정권을 잡는 데 보호막이 되었던 장성택을 처형한 것은 물론, 내부적으로 감시와 검열을 강화해 북한 주민들의 숨통을 조이고 있다. 이러한 김정은의 공포정치는 복음을 전하는 데 있어서도 장애가 되고 있다. 그러므로 우리는 하루 속히 북한에 하나님을 경외하고 두려워하는 지도자가 세워짐으로 하나님이 행하실 북한의 회복에 합당한 지도자가 세워지기를 위해 기도해야 한다.

여호와 이스라엘의 하나님이 이같이 이르시되, 내가 너에게 기름을 부어 이스라엘 임금으로 삼고 너를 사울의 손에서 건져냈다 삼하 12:7. 이스라엘의 통일왕국에 합당한 다윗을 왕으로 세우셨던 하나님께서 이제 북한과 남한에서도 통일한국에 합당한 지도자를 기뻐 세우실 것을 선포하노라.

오늘의 기도

DAY 19

찬양 공급하시는 **하나님**

회개 타락한 안국 사회의 **죄악을 회개합니다**

간구 북한 회복에 필요한 자금이 **준비되게 하소서**

선포 북한 회복에 필요한 비용이 **하나님의 손에 있음을 선포합니다**

찬양

공급하시는 하나님!

이때에 아브라함이 눈을 들어 보니 자기 뒤쪽에 뿔이 수풀에 걸린 수양 한 마리가 있었다 아브라함이 가서 그 수양을 끌어다가 자기 아들 대신 태움제물로 바치고 아브라함이 그곳을 여호와 이레라 불렀으므로 오늘까지, 여호와의 산에서 그것이 준비되리라 하는 말이 전해진다 여호와의 천사가 하늘에서 두 번째로 아브라함을 불러 말씀하시기를, 나 자신을 두고 맹세하노니, 이는 여호와의 이르심이다 네가 이렇게 행하여 네 아들, 네 외아들을 아끼지 않았은즉 내가 참으로 너에게 복을 주고 너의 씨를 하늘의 모든 별 같이, 바다가의 모래 같이 무수하게 할 것이니 너의 씨가 그 대적의 문을 차지하리라 또 네 씨로 말미암아 땅의 모든 민족이 복을 받을 것이니 이는 네가 나의 음성에 순종하였기 때문이다 하셨다 창 22:13-18. 하나님이 우리의 공급자 되심을 찬양합니다. 그 하나님이 이 나라와 민족이 복음으로 통일을 이루는 과정에 있어서도 공급자 되심을 믿고 찬양합니다. 간구하오니 우리에게도 아브라함과 같이 하나님께 독생자라도 아끼지 아니하는 헌신을 드릴 수 있는 믿음을 보이게 하소서.

회개

타락한 한국 사회의 죄악을 회개합니다!

존속살인, 토막살인, 강간, 유괴, 동성애, 낙태, 이혼, 성범죄, 알코올중독 등 언론을 통해 보도되는 한국 사회의 현상을 보고 듣노라면, 어찌나 끔찍한 죄악들이 많은지 구토가 나올 지경이다. 너무나 흉악한 사건 앞에서 "이보다 더 끔찍한 죄악은 없을 것"이라며 가슴을 쓸어내린 다음날이면 그보다 더 흉악한 보도들이 난무하여 하나님 앞에 낯이 뜨거워 얼굴을 들지 못할 지경이다. 이렇듯 윤리와 도덕이 무너져 내린 한국 사회의 실상 앞에서 한국교회와 하나님의 백성 된 우리에게 "세상의 빛이요 소금이 되어야 하는 너희의 선행과 공의는 어디에 있느냐"고 묻고 계시는 하나님의 말씀 앞에 나아가 회개합니다.

슬프다, 범죄한 민족, 무거운 죄를 진 백성이여 그들은 행악자의 후손이요 부패한 자의 자식이라 그들이 여호와를 버리고 이스라엘의 거룩하신 이를 멸시하며 그에게서 멀어졌다 사 1:4라고 하시며 탄식하신 주님, 오늘 이 나라와 민족 가운데 일어나고 있는 극악한 죄악을 회개합니다.

먼저는 한국 사회의 빛이요, 거울이 되어야 하는 한국교회와 성도들이 하나님의 공의와 의를 따라 살아가지 못했음을 회개하오니 용서하여 주소서.

2023년 3월 16일에 통계청이 발표한 이혼 건수는 9만 3천 건, 혼인 건수는 19만 2천 건으로 이혼 건수가 혼인 건수의 52.8%에 달합니다. 또한 이혼으로 가정이 파괴되어 아이들이 비행과 범죄를 저지르도록 방관하며, 그에 따른 많은 문제와 죄악들이 양산되고 있습니다. 이혼의 죄악을 회개하오니 용서하여 주소서.

전문가들의 실제적인 보고에 따르면, 한 해 동안 한국에서 자행되는 낙태 건수는 인구 1천 명 당 20건으로 OECD 국가 중 1위입니다. 1년에 무려 110만 건의 낙태가 대한민국에서 자행되고 있습니다. 임신 경험이 있는 여학생 중 70-80%, 기혼 여성 중 90%가 낙태를 경험했습니다. 하나님, 낙태로 인한 살인의 죄악을 회개하오니 용서하여 주소서.

2020년 경찰청에서 발표한 자료에 의하면, 한국에서의 성범죄가 21,717건이고, 2019년 기준 아동 청소년 대상 디지털 성범죄, 성폭력, 성매매 등의 범죄가 매년 30.8%씩 증가하고 있습니다. 하나님이 서로 사랑하여 결혼한 부부에게만 주신 선물을 이렇듯 사단에게 내어준 우리의 죄악을 회개하오니 용서하여 주소서.

4대 중독으로 일컬어지는 알코올(218만 명), 마약(9만 명), 도박(59만 명), 인터넷 게임(47만 명)에 중독되어 의학적 치료가 필요한 환자가 우리나라 인구 5,000만 명 중 618만 명에 달합니다. 국민 8명 중 1명이 중독자이며, 4대 중독으로 인한 사회.경제적 비용은 109조 5,000억 원에 이릅니다. 알코올중독이 점차 청소년과 여성의 문제로까지 확대되고 있으며, 알코올중독이 가장 많이 증가한 여성 연령층은 30대로, 여성 음주자가 증가하면서 태아 알코올증후군이 사회적 문제로 부상하고 있습니다. 이렇듯 경악을 금치 못할 정도로 무절제한 우리의 죄악을 회개하오니 용서하여 주소서.

결혼한 아내와 남편이 부부가 아닌 다른 대상과 교제하는 것을 자랑하고, 성적 문란과 음란에 물든 청소년과 젊은이들의 죄악을 회개하오니 용서하여 주소서.

방송과 미디어에서 동성애를 미화하는 죄악을 회개하오니 용서하여 주소서. 또한 미디어에서 폭력과 불륜과 비정상적인 캐릭터를 가진 사람들을 주인공으로 내세우고 미화시키는 죄악을 회개하오니 용서하여 주소서. 방송과 미디어를 통해 무속, 샤머니즘, 사단에 속한 것들을 문화 컨텐츠로 내세워 사람들의 마음을 도둑질하는 죄악을 회개하오니 용서하여 주소서.

인터넷을 통해 무차별적으로 불특정 다수와 기관들에 대해 근거 없는 악성 댓글을 쓰고, 이로 인해 자살로까지 몰아가는 폭력을 회개하오니 용서하여 주소서.

자살률이 세계 1위가 된 우리 안에 하나님이 주신 고귀한 생명을 경시하는 죄악을 회개하오니 용서하여 주소서.

전통문화, 지역사회문화라는 명목으로 각 지방자치단체는 물론, 지역마다 귀신의 문화를 조장하고, 그것을 관광상품으로 내세워 사람들의 마음을 도둑질하는 죄악을 회개하오니 용서하여 주소서.

간구

북한 회복에 필요한 자금이 준비되게 하소서!

하나님께서 이 민족 가운데 북한의 회복을 주실 것을 믿고 신뢰하는 우리가 순종하여 준비할 것이 북한 회복에 필요한 자금이다. 굶주린 북한 주민들을 도와야 하기에 이 자금은 개인이 아닌 한국교회가 연합해서 준비해야 한다. 교회가 하나님의 마음과 열정으로 자금 준비를 감당할 때, 정부와 남한 주민 모두의 자발적인 참여로 이어질 수 있도록 기도해야 한다.

하나님이 북한의 회복을 원하심을 알면서도 나의 것을 내어 놓으며 그 뜻에 순종하지 못했던 우리의 죄악을 예수 그리스도의 이름으로 회개합니다. 저희들을 용서하여 주소서. 그에게서 온몸이 각 마디를 통하여 도움을 받음으로 함께 련결되고 결합되니 각 지체가 그 역할을 감당할 때에 그 몸이 사랑 안에서 자라며 세워져간다 엡 4:16는 말씀과 같이 한국교회가 하나님이 행하시는 북한의 회복과 그 비용을 자원함으로 준비하며 하나님께 기도하고 연합하여 그 뜻을 이루어갈 수 있게 하여 주소서.

선포

북한 회복에 필요한 비용이 하나님의 손에 있음을 선포합니다!

박근혜 전 대통령이 '통일은 대박이다'라고 말한 이후 통일준비위원회가 구성 되어 정부 차원에서 통일에 대한 준비가 진행된 적이 있었다. 그런데 미국의 민간단체 연구소인 랜드연구소가 남북한이 통일될 경우 '통일비용'은 최소 400억 달러(약 50조 원)에서 최대2조 5,000억 달러(약 3,000조)가 될 것이라 발표하였다(2023년 통일부 공개자료). 그리고 남북한의 경제는 2008년 국민총생산을 기준으로 볼 때, 남한 9,347억 달러, 북한 248억 달러로 남한이 북한에 비해 37.7배이며, 1인당 국민총생산은 남한 19,231달러, 북한 1,065달러로 18.1배의 차이를 보인다. 이러한 경제적인 차이는 결국 통일이 될 때 남한 정부와 국민들이 감당해야 할 몫이 된다. 그런데 우리는 하나님께 구하지도 않고 이러한 비용을 준비하기가 힘들다고 하고 있다.

너희 중에 누구든지 지혜가 부족하거든 모든 사람에게 후히 주시고 꾸짖지 않으시는 하나님께 구하라 그리하면 주시리라 약 1:5. 북한 회복에 필요한 비용을 남한 정부와 국민들이 자체적으로 마련하기 어려운 상황을 하나님의 손에 올려 드립니다. 능히 이 비용의 필요를 뛰어넘어 행하실 주님을 찬양하고 노래합니다. 우리가 할 수 없기에 낮아진 마음과 무릎으로 하나님의 행하심을 믿고 기도합니다. 그리고 선포합니다. 북한 회복에 자금이 많이 들 것이라는 믿음 없는 자들이 변하여 하나님이 하시는 일을 볼 수 있게 하소서. 한국 교회가 북한 회복을 준비하는 자금을 모으는 것을 반대하는 세력은 물러갈지어다.

오늘의 기도

DAY 20

찬양 이 민족 가운데 구원의 복음을 주신 **은혜로우신 하나님**

회개 성도들이 기지고 있던
성경을 빼앗아 불태우고 탄압한 북한의 죄를 회개합니다

간구 북한어성경이 준비되어 북한의 590만 가정에
성경을 한 권씩 보낼 수 있게 하소서

선포 북한 회복 시 북한에 590만 권의 성경이 **들어갈 길이 예비될지어다**

찬양

이 민족 가운데 구원의 복음을 주신 은혜로우신 하나님!

그리스도 예수 안에 있는 구속으로 말미암아 그들이 하나님의 은혜로 값없이 의롭다 하심을 얻었다 롬 3:24. 이 말씀과 같이 흑암에 덮여 신음하고 고통당하던 이 땅에 복음을 전할 선교사들을 보내주시고, 이 땅에 하나님의 말씀이 증거되게 하신 하나님을 찬양합니다. 이는 하나님이 그의 사랑을 받으신 이 안에서 우리에게 거저 베푸신 그의 은혜의 영광을 우리로 찬송하게 하려 하심이다 우리가 그리스도 안에서 그의 은혜의 풍성함을 따라 그의 피로 말미암아 구속, 곧 죄 사함을 받았으니 엡 1:6-7. 하나님의 말씀이 선포될 때 죄로 가리어진 이 땅 백성들의 귀를 열어 복된 하나님의 말씀을 듣게 하시고, 그들이 하나님께로 돌아와 죄 사함의 기쁨을 노래하게 하신 은혜로우신 하나님을 찬양합니다.

너희가 잠시 고난을 당한 후에는 모든 은혜의 하나님, 곧 그리스도 안에 있는 그의 영원한 영광 가운데로 너희를 부르신 이가 친히 너희를 회복시키시고 뒤받침 하시고 강하게 하시고 견고하게 하시리라 벧전 5:10 약속하신 그대로 1866년, 로버트 토마스 선교사가 처음 조선 땅에 중국어성경을 전하려다 대동강가에서 순교의 피를 흘리게 하셨습니다. 그리고 중국선교사로 와 있으면서 조선 영혼들에게 복음을 전하기 위해 고려문을 방문한 존 로스 선교사를 통해 한글성경 번역을 시작하게 하시고, 맥킨 타이어를 비롯하여 이응찬, 백홍준, 이성하, 김진기, 서상륜, 김청송과 함께 협력하여 1882년 3월에 한글로 된 누가복음을 문광서원을 통하여 처음 인쇄할 수 있는 은혜를 베푸시고, 5월에는 요한복음을, 1887년에 신약 전권인 '예수셩교젼셔'를 발행케 하신 은혜로우신 하나님을 찬양합니다. 그리고 조선인들이 만든 복음서를 자신의 고향으로 가져와 복음을 전할 수 있도록 하셨습니다. 이를 통해 조선 땅에 선교사들이 도착하기도 전에 수천 권의 성경을 보급하게 하시고, 1883년 최초의 교회인 소래교회가 세워지는 특별한 은혜를 베푸셨습니다. 그 일을 통해 조선의 교회가 강건하고 든든하게 서가게 하셨음을 인하여 찬양합니다.

회개

성도들이 가지고 있던 성경을 빼앗아 불태우고 탄압한 북한의 죄를 회개합니다!

"우리는 기독교, 천주교에서 집사 이상의 종교 간부들을 모두 재판에서 처단해 버렸고, 그 밖의 일반 종교인들 중에서도 악질들은 모두 재판하였습니다. 그리고 일반 종교인들은 본인이 개심하면 일을 시키고, 개심하지 않으면 수용소에 가두었습니다. 우리는 그 일당을 1958년에 모조리 잡아들여 처단해 버렸습니다. 그래서 종교인들은 죽여야 그 버릇을 고친다는 것을 알게 되었습니다." 이것은 1962년 김일성이 교시에서 밝힌 내용이다.

북한은 사회주의 체제가 어느 정도 안정되자 1958년 5월 30일 북한 노동당 중앙위 상무위원회에서 "반혁명분자와의 투쟁"을 전인민을 대상으로 시작할 것을 결정했다. 이때부터 "반종교선전"을 전개하면서 기독교인들을 반혁명분자로 분리하고 전격적으로 그들을 제거하면서 이 시기에 가장 많은 순교자가 발생했다. 1967년 5월 25일 김일성은 북한에 있는 모든 종교서적을 태우던지 북한정부 도서실로 기증하라고 지시하였다. 북한의 성도들은 1966년 중국에서 일어난 문화혁명 때와 같이 책들을 거두어 태우는 일을 알기에 자신들이 소지하고 있던 성경, 찬송가들을 은밀한 곳에 숨겨야 했다. 소지한 것이 발각되면 바로 처벌을 받았다.

북한에서 1983년 10월 5일에 신약성경과 찬송가를, 다음 해인 1984년에 구약성서를 10,000권 씩 발간했다. 그리고 1990년에 신구약 합본 성경과 찬송가 1만 권이 인쇄된 것으로 알려졌다. 이 성경은 남한의 가톨릭교회에서 사용되는 공동번역 성서를 북한식 표현으로 약간의 수정을 거쳤을 뿐이다.

1995년, 북한을 방문한 모퉁이돌선교회 일꾼들이 봉수교회를 찾았을 때 140명의 성도들이 주일 예배에 참석한 것을 보았다. 그들의 앞자리에 놓여 있는 성경과 찬송을 본 순간 "아! 성경이 있구나!" 감동했다. 그러나 예배 후 교회당을 나가는 모든 성도들이 성경과 찬송가를 그 자리에 놓고 나가는 것을 목격했다. 그들은 북한에도 종교의 자유가 있는 것을 외부세계에 보이기 위해 예배에 동원된 사람들이었기에, 개인들이 성경을 가져가 볼 수 없는 것이다. 북한을 방문한 외국인들은 북한이 선물로 주는 성경 한 권씩을 받아 왔는데, 2만 권의 성경이 선물로 사용되었다는 것을 후에 알게 되었다.

그가 유다에서 온 그 하나님의 사람에게 웨치며 말하기를, 여호와 너의 하나님이 이같이 이르시되, 네가 여호와의 말씀을 무시하여 여호와 너의 하나님이 너에게 내리신 그 명령을 지키지 않고 왕상 13:21. 이는 그들이 하나님의 말씀을 거역하고 지존자의 뜻을 경멸하였음이라 시 107:11. 해방 이후 성도들의 성경을 빼앗아 불태우고 탄압한 북한의 죄악을 대신하여 회개합니다.

1958년부터 개심하지 않는 종교인들을 악질분자로 단죄하고 처단한 북한의 죄악을 회개하오니 용서하여 주소서.

북한의 성도들이 가지고 있던 성경을 빼앗아 불태우고, 발각 시에 처형하고 가족들을 산간 오지로 추방한 죄악을 회개하오니 용서하여 주소서. 지금도 여전히 북한에서 성경을 가지고 있는 자들을 찾기 위해 가가호호 검열하고, 탈북했다가 믿음을 가지고 북한에 돌아간 성도들을 수색하여 성경과 기독교 관련 내용이 발각되면 가혹한 처벌을 가하는 죄악을 회개하오니 용서하여 주소서.

1972년 북한에도 종교의 자유가 있다는 것을 국제사회에 알리기 위해 조선기독교연맹을 부활시켰으나 정치적인 목적으로 이용하고 북한에서 인쇄한 2만 권의 성경을 북한 주민과 성도가 아닌 해외교포들에게 주는 선물로 사용한 죄악을 회개하오니 용서하여 주소서.

간구

북한어성경이 준비되어 북한의 590만 가정에 **성경을 한 권씩 보낼 수 있게 하소서!**

해방 이후 분단되어 단절된 상태로 오늘에 이른 남과 북의 언어는 많은 부분 다른 뜻으로 사용되고 있다. 지난 38년 동안 북한에 성경을 배달해 온 모퉁이돌선교회는 북한 성도들이 한글성경을 읽고 이해하는 데 어려움이 많음을 보고 북한어로 성경을 번역하기 시작했다. 신약성경은 2006년부터 인쇄하여 배달하였고, 2016년 구약성경 번역을 마치고 북한어 신구약 합본이 발행되었다. 2021년 6월에는 남북한 언어를 한 페이지에서 볼 수 있는 남북한병행성경이 출간되었다. 이를 통해 북한의 590만(2014년 통계청자료) 가정에 북한어성경을 한 권씩 보낼 수 있도록 준비하고 있다. 하나님의 말씀이야말로 이들을 신앙으로 굳게 세우는 원동력이며, 북한에 그들의 언어로 된 성경을 보내는 것은 앞으로 언어로 인해 교회 안에 생기게 될 혼란에 대비하여 북한의 회복을 준비하는 길이다.

오랫동안 철의 장막에 둘러싸여 단절된 상태로 하나님의 말씀에 갈한 북녘의 영혼들을 돌아보지 못한 남북한의 죄악을 예수 그리스도의 이름으로 회개합니다. 저희들을 용서하여 주소서. 하나님의 말씀은 살아 역동하고 량날을 가진 어떤 검보다 더 예리하여 혼과 령과 관절과 골수를 뚫고 들어가 쪼개기까지 하며 마음의 생각과 뜻을 판단하니 히 4:12. 생명과 능력의 말씀인 북한어 성경과 남북한병행성경이 북한에 보내지게 하여 주소서. 특별히 복음으로 북한이 회복되길 기도하는 우리가 북한의 590만 가정에 성경을 한 권씩 보낼 수 있도록 준비케 하시고, 지금부터 하나님이 북한의 회복을 행하실 때까지 부지런히 북한에 성경을 배달하게 하소서.

선포

북한 회복 시 북한에 590만 권의 성경이 들어갈 길이 예비될지어다!

남한과 북한은 한민족이지만 유엔에 각각 가입된 다른 나라다. 그러므로 유사 시 우리가 생각하는 것처럼 북한에 들어가는 것이 쉽지 않기에, 이 부분에 있어서 하나님의 특별한 도우심이 필요하다. 무엇보다 북한 회복 시 걷잡을 수 없는 세상 물결이 북한 땅과 주민들의 마음을 사로잡기 전에 하나님의 말씀 특히 북한 성도들과 주민들이 볼 수 있는 성경을 빠른 시간에 공급하는 것이 필요하다. 이 일은 한국과 세계교회 그리고 북한 성도들이 연합해 이루어야만 가능하기에 공급자 되시는 하나님께서 물적.인적.영적 자원을 공급해 주심으로 북한의 모든 가정마다 성경을 보낼 수 있는 길이 예비되도록 기도해야만 한다.

그가 자기를 위하여 가장 좋은 것을 택하였으니 이는 립법자의 분깃으로 준비된 것이라 그가 백성의 우두머리들과 함께 와서 이스라엘을 위하여 여호와의 공의와 규례를 행하였다 하였다 신 33:21. 남한과 북한에게 한민족의 유업을 주신 주님을 찬양합니다. 북한 붕괴 시에 남한이 북한에 들어갈 수 있는 길이 예비될지어다.

오늘의 기도

DAY 21

찬양 내재하시는 **하나님**

회개 굶주림을 해결하기 위해 간음하지 말라는
하나님의 계명을 범한 죄악을 회개합니다

간구 북한 지하교회를 위한 **인프라가 구축되게 하소서**

선포 북한 안에 **라합과 같은 사람들이 준비될지어다**

찬양

내재하시는 하나님!

이는 그들로 하나님을 찾고 더듬어 발견하게 하심인즉 참으로 하나님은 우리 각 사람에게서 멀리 계시지 않습니다 우리가 그분 안에서 살아가고 움직이며 존재를 누리기 때문입니다 여러분의 시인들 가운데 어떤 사람이 읊기를, 우리도 그의 소생이다 하였으니 행 17:27-28. 우리 안에 계시나 우리 안에 갇히지 않고, 하나님의 아름다우신 형상을 닮아가게 하시는 내재하시는 하나님을 찬양합니다. 우리로 내재하시는 하나님과 끊임없이 교제하게 하시는 하나님을 찬양합니다. 그 하나님이 오늘 우리 안에 내재하시며, 말씀하시고, 듣게 하시고, 함께하심을 선포합니다.

회개

굶주림을 해결하기 위해 간음하지 말라는 **하나님의 계명을 범한 죄악을 회개합니다!**

공산정권이 집권한 후 여자들의 주권이 강화되었던 중국과는 달리, 북한은 여전히 가부장적인 권위가 강한 집단사회였다. 그러나 식량난이 계속되면서 북한 시장에서 남편을 돈 주고 파는 일이 발생하고, 여자들이 먹고 살기 위해 몸을 파는 등 북한 사회가 성적으로 타락하고 있다. 생계형 매춘이 성행하고 있는 것이다. 또한 북한 내에서의 인신매매뿐 아니라, 중국과 연계된 인신매매도 성행하고 있는 실정이다.

간음하지 말라 신 5:18고 명령하신 주님, 북한의 식량난이 가중되면서 목숨을 연명하기 위해 여인들이 몸을 팔고, 돈을 가진 여인들이 시장에서 남편을 사고파는 등의 참담한 죄악을 저지른 것을 회개합니다.

사는 것이 어려워지면서 사람을 마음대로 사고파는 인신매매의 죄악이 성행함을 예수 그리스도의 이름으로 대신하여 회개하오니 용서하여 주소서.

돈을 벌기 쉽지 않은 북한 주민들이 먹고 살기 위하여 성매매를 하는 죄악을 예수 그리스도의 이름으로 대신하여 회개하오니 용서하여 주소서.

간구

북한 지하교회를 위한 인프라가 구축되게 하소서!

북한에 하나님의 교회가 더욱 확장되기 위해서는 환경조성, 즉 인프라가 구축되어야 한다. 새로운 도시가 세워지려면 주택뿐만 아니라 도로, 전기, 수도, 학교, 우체국, 시장 등이 들어서야 사람이 살 수 있듯이 교회가 세워지려면 모임 장소, 지도자, 신앙을 지키는 데 필요한 성경을 비롯한 신앙서적, 그리고 경제, 사회, 문화 등의 인프라가 구축되어야 한다.

북한에 복음을 전해야 함이 마땅함에도 '때가 되어 닥치면 어떻게든 일이 되겠지'라는 안이한 생각으로 일관했던 한국교회와 성도들의 죄악을 예수 그리스도의 이름으로 대신하여 회개합니다. 저희들을 용서하여 주소서. 또 너의 옛 페허들이 재건되고 많은 세대 동안 파괴되였던 기초들을 네가 세울 것이니 사람들이 너를 일컬어 무너진 곳을 보수하는 자라 하고 사람이 살 수 있도록 거리들을 복구하는 자라 하리라 사 58:12는 말씀이 곧 북한 지하교회를 위한 인프라를 구축하고자 하는 우리의 결단이 되게 하여 주소서. 그리하여 복음으로 북한이 회복되기 위한 일들을 지금부터 북한 안에서 구체적으로 실행할 수 있는 문들이 활짝 열리도록 긍휼을 더하여 주소서.

선포

북한 안에
라합과 같은 사람들이 준비될지어다!

이스라엘 정탐꾼들이 여리고성에 들어갔을 때, 여리고성 안에 있던 라합은 그 하나님의 사람들을 맞이하고 도왔다. 이제 북한 회복을 행하시는 하나님께서 북한의 정치, 경제, 군사, 사회, 교육, 종교 등 모든 분야에 걸쳐 필요한 정탐꾼들을 보낼 것이다. 그러나 이것은 외부에서 들어가는 사람들로 한정되는 것이 아닌, 이미 북한 안에 있는 사람들로 이 역할을 감당하도록 지명하여 부르실 것이다. 이때 이들과 함께 하나님의 사람들을 알아보고 그들을 도울 라합들이 각 분야마다 세워질 수 있도록 지금부터 기도해야 한다.이스라엘 정탐꾼들이 여리고성에 들어갔을 때, 여리고성 안에 있던 라합은 그 하나님의 사람들을 맞이하고 도왔다. 이제 북한 회복을 행하시는 하나님께서 북한의 정치, 경제, 군사, 사회, 교육, 종교 등 모든 분야에 걸쳐 필요한 정탐꾼들을 보낼 것이다. 그러나 이것은 외부에서 들어가는 사람들로 한정되는 것이 아닌, 이미 북한 안에 있는 사람들로 이 역할을 감당하도록 지명하여 부르실 것이다. 이때 이들과 함께 하나님의 사람들을 알아보고 그들을 도울 라합들이 각 분야마다 세워질 수 있도록 지금부터 기도해야 한다.

그러자 라합이 창문에서 줄을 드리우고 그들을 밖으로 내려보냈다 그녀의 집이 성벽의 한 부분으로 지어져 있었고 그녀가 성벽 우에 살고 있었기 때문이다 라합이 그들에게 말하기를, 뒤쫓는 자들이 길에서 그대들과 마주칠 수 있으니 그대들은 산쪽으로 가서 거기에 사흘 동안 숨어 있다가 뒤쫓는 자들이 돌아간 후에 갈 곳으로 가시오 하자 수 2:15-16. 여리고를 무너뜨리기로 작정하시고 라합을 통해 이스라엘을 돕게 하신 것처럼 오늘 북한에도 수많은 라합들이 준비되어 하나님이 행하시는 북한 회복의 역사에 참예할지어다.

오늘의 기도

DAY 22

찬양 이 민족의 교회를 부흥케 하신 **위대하고 크신 하나님**

회개 바른 교육을 실행하지 못하는 **죄악을 회개합니다**

간구 하나님께서 숨겨 놓으신
7천 명의 용사들이 일어나 기도하게 하소서

선포 하나님의 교회로 **기도케 하심을 찬양합니다**

찬양

이 민족의 교회를 부흥케 하신 위대하고 크신 하나님!

너희가 나를 누구에 비기겠느냐, 누가 나와 동등하냐 이는 거룩하신 이의 이르심이다 너희는 눈을 높이 들고 보라 누가 이 모든 것을 창조하였느냐 그가 이 만상을 이끌어 내시고 그것들을 계수하며 그 모든 것의 이름을 부르시니 그는 능력이 크고 권세가 막강하신즉 단 하나도 루락된 것이 없다 사 40:25-26. 1903년 원산에서 사역하던 하디 선교사의 회개로부터 시작된 회개의 물결이 점차 전국적으로 확산되면서 급기야는 1907년 장대현교회를 중심으로 폭발적인 평양대부흥의 물결이 한국교회 가운데 일어나도록 역사하신 크고 위대하신 하나님을 찬양합니다.

내 령혼아, 여호와를 송축하라 나의 하나님 여호와여, 당신은 지극히 위대하시며 존귀와 위엄으로 옷 입으셨습니다 당신께서 옷을 입듯이 빛을 입으시고 하늘을 휘장 같이 치셨으며 물 우에 당신의 방들의 들보를 얹으시고 구름으로 당신의 수레를 삼으셨으며 바람 날개를 타시고 시 104:1-3. 크신 하나님께서 일제의 침략으로 억눌리고, 고통당하던 조선 백성들의 마음을 가난하게 하사 하나님께로 향하게 하시고, 그 일을 통해 개인과 가정, 마을과 도시에 하나님의 교회가 세워지고 예배함으로 전국 방방곡곡에 부흥을 이루신 크고 놀라우신 하나님을 높이어 찬양하고 경배합니다.

회개

바른 교육을 실행하지 못하는
죄악을 회개합니다!

"개천에서 용 난다"는 속담이 있다. 그러나 이것은 옛말이 되었고, 지금 한국 교육의 구조에서는 돈이 있어야 공부를 잘할 수 있다는 말이 변개할 수 없는 진리인 양 나돌고 있다. 이는 사교육의 중요성을 단적으로 드러내는 말이다. 한국에서 공교육이 사라진 지 이미 오래다. 입시중심의 교육이 만연하면서 대부분의 중고등학교 학생들은 사교육을 통해 학과목을 배운다. 이런 현상은 결국 교사들의 역할을 무기력하게 만들고, 이로 인해 학생들이 교사를 구타하는 등 교사의 권위가 바닥에 떨어졌다. 이것은 모두 욕심과 탐욕에서 비롯된 현상들이다. 하나님을 떠나 내 자식만 잘되면 그만이고, 무조건 일류대학에 가서 대기업에 취직해야 한다는 소명 없는 일류주의와 탐욕에서 비롯된 결과이다.

아이를 마땅히 가야할 길로 훈련하라 그리하면 그는 나이가 들어도 거기서 떠나지 않으리라 잠 22:6라고 말씀하신 주님, 어려서부터 하나님의 목적이나 뜻이 아닌 이 세상의 명예와 부귀와 욕심을 따라 최고가 되고자 하는 탐욕을 가지도록 자녀에게 가르치고, 사교육에 몰아넣어 자녀들 스스로 생각하지 못하는 로봇처럼 만들어버린 우리의 죄악을 회개합니다.

일류 즉 최고가 되어야 한다는 목적 아래 수단과 방법을 가리지 않고 자녀들을 교육시켜 출세지상주의로 몰아가는 우리의 죄악을 회개하오니 용서하여 주소서.

자녀들에게 하나님을 사랑하고 이웃을 사랑하라는 하나님의 말씀대로 살도록 가르치지 못한 죄악을 회개하오니 용서하여 주소서.

이 나라의 교육행정이 전인적인 교육을 위한 것이 아니라 입시 위주로 흘러가도록 방치하고, 그 조류에 따르도록 만든 죄악을 회개하오니 용서하여 주소서.

학교 안에서 약하고 힘없고 가난한 학생들을 왕따시키고, 무차별적인 구타와 폭력으로 피해자들을 자살 혹은 폐인이 되도록 몰아가는 죄악을 회개하오니 용서하여 주소서.

교사가 교사의 책임을 다하지 못하는 죄악을 회개하오니 용서하여 주소서.

자녀를 왕처럼 떠받들며 아이들에게 마땅히 지켜야 할 예의범절을 가르치지 않고, 올바른 인성교육을 하지 않는 우리의 죄악을 회개하오니 용서하여 주소서.

어려서부터 아이들을 학원으로 내몰고 혹사시키며, 로봇처럼 분주하게 살아가도록 하는 우리의 죄악을 회개하오니 용서하여 주소서.

간구

하나님께서 숨겨 놓으신
7천 명의 용사들이 일어나 기도하게 하소서!

북한의 행정구역은 9도, 1직할시, 3특별시, 그리고 각 도에 24개시로 나뉘어져 있다. 모퉁이돌선교회는 2012년 1월부터 북한의 주요 14개 도시마다 500명 단위의 기도군단이 조직될 수 있도록 기도하기 시작하였다. 이제 북한을 위해 기도하는 14개 기도군단, 7천 명이 북한에서 일어나고, 남한에서도 동일하게 세워져 동시에 기도케 하시는 그 일에 순종할 때, 하나님께서 북한을 무너뜨리시고 이 민족에게 복음으로 북한 회복을 행하실 것이다.

깨어 근신함으로 이 민족을 위해 기도하라고 말씀하시는 주의 부르심에 순종하지 않고, 우리의 배부름을 자랑하며 기도하지 못한 한국교회와 우리의 죄악을 예수 그리스도의 이름으로 회개합니다. 저희들을 용서하여 주소서. 그러나 내가 이스라엘에 칠천 명을 남겨두었으니 그들은 모두 바알에게 무릎을 꿇지 않고 바알에게 입맞추지 않은 자들이다 하셨다 왕상 19:18고 말씀하신 대로, 하나님께서 숨겨 놓으신 7천 명의 기도용사가 북한에 세워지고, 동시에 남한에서도 일어나게 하사 이들로 북한 회복을 행하시는 하나님의 뜻을 이루는 기도대열에 참여케 하소서!

선포

하나님의 교회로
기도케 하심을 찬양합니다!

엘리야는 로뎀나무 그늘 아래 숨어 '나만 홀로 남았다'며 죽기를 구했다. 그런 엘리야를 향해 하나님은 바알에게 무릎 꿇지 않은 7천 명이 남아 있다고 위로하셨다. 엘리야와 같이 동일한 고백을 하는 성도들이 북한에 살아 있다. 하나님께서는 오늘도 북한에서 믿음을 지키고 있는 성도들을 통해 교회가 세워지고 개척되는 놀라운 기적을 우리와 그들에게 나타내 보이신다. 이제 남북한의 교회가 연합하여 서로 위로함으로 하나님의 마음을 나눌 때 하나님께서 일으키실 놀라운 기적과 그 파장을 기대하며 더욱 기도에 힘써야 한다.

그에 대한 하나님의 대답은 무엇이였는가 내가 나를 위하여 바알에게 무릎 꿇지 않은 사람 칠천 명을 남겨 두었다 하셨으니 이와 같이 지금도 은혜로 택하심을 받아 남은 자가 있다 롬 11:4-5. 북한 땅에 신앙을 버리지 아니한 칠천의 성도들을 남겨두신 하나님을 찬양합니다. 하나님의 은혜로 택하심을 받아 남은 자들을 통해 하나님의 교회가 충만하고, 하나님의 백성들이 남북한 땅에 충만하여 하나님을 찬양할지어다.

오늘의 기도

오늘의 기도

DAY 23

찬양 거룩하신 **하나님**

회개 하나님의 백성들을 단압하고
살인하지 말라는 계명을 범한 죄악을 회개합니다

간구 현재 고통 중에 있는
북한 지하교회가 보존되고 흥왕케 하옵소서

선포 하나님의 백성들을 탄압하는 악한 세력들이 북한 땅에서 떠나고,
그곳이 하나님의 거룩함으로 충만할지어다

찬양

거룩하신 하나님!

그러나 당신은 거룩하시며 이스라엘의 찬송 우에 좌정하십니다 시 22:3. 거룩하신 하나님, 여기에 모인 우리의 모임과 찬송 중에 계신 거룩하신 하나님을 찬양합니다. 그 거룩하신 하나님의 의를 힘입어 오늘 우리가 하나님 앞에 나아갈 수 있게 하심을 인하여 하나님을 경배하며 찬양합니다.

서로 부르며 말하기를, 거룩하시다 거룩하시다 거룩하시다 만유의 여호와여, 그의 영광이 온 땅에 가득하도다 하였다 사 6:3. 거룩하신 하나님께 나아가오니 우리의 허물을 주의 피로 덮으사 가려 주시고, 거룩하신 하나님의 임재 가운데 들어가게 하소서!

회개

하나님의 백성들을 탄압하고
살인하지 말라는 계명을 범한 죄악을 회개합니다!

"우리는 그러한 종교인들을 함께 데리고 공산주의 사회로 갈 수가 없습니다. 그래서 우리는 기독교, 천주교에서 집사 이상의 간부들을 모두 재판해서 처단해 버렸고, 그 밖의 일부 종교인들 중에서도 악질들은 모두 재판하였습니다. 그리고 일반 종교인들은 본인이 개심하면 일을 시키고, 개심하지 않으면 수용소에 가두었습니다."

이것은 1962년 김일성이 했던 연설 가운데 일부이다. 하나님의 교회가 흥왕했던 북한에서 전쟁 이후 2006년까지 15,657명 이상의 사람들이 하나님을 믿는다는 이유만으로 순교의 피를 흘리며 죽임을 당하였다. 지금도 여전히 하나님을 믿는 백성들이 숨죽이며 신앙을 지키고 있으며, 발각되면 정치범수용소에 끌려가거나 총살을 당하는 등의 가혹한 처벌을 받고 있으며, 3대가 멸족을 당하는 탄압이 자행되고 있다. 그렇지만 계속되는 핍박 중에도 북한에서는 하나님의 교회가 세워지고 있다.

살인하지 말라 출 20:13 명하시고, 내가 너에게 말하노니 너는 베드로다 내가 이 반석 우에 나의 교회를 세울 것이니 지옥의 권세가 그것을 이기지 못하리라 마 16:18고 말씀하신 주님, 해방과 함께 김일성에 의해 공산주의화되면서 하나님의 백성들을 탄압한 이후 78년이 지난 지금까지 혹독한 핍박 속에서도 북한에 그루터기 교회와 성도들로 신앙을 지키며 하나님을 예배케 하심을 찬양합니다. 그러나 지금도 여전히 하나님의 백성들을 탄압하며 죽이는 북한의 죄악을 회개합니다.

하나님의 백성들로 자유롭게 예배할 수 없도록 탄압한 북한의 죄악을 예수 그리스도의 이름으로 대신하여 회개하오니 용서하여 주소서.

전쟁 이후 2006년까지 15,657명 이상의 성도들을 죽임으로 순교의 피가 그 땅에 차고 넘치게 한 죄악을 예수 그리스도의 이름으로 대신하여 회개하오니 용서하여 주소서.

지금도 여전히 복음을 전하다 발각되면 정치범수용소에 가두고, 깊은 산골이나 탄광으로 추방하여 수많은 성도들을 탄압한 죄악을 예수 그리스도의 이름으로 대신하여 회개하오니 용서하여 주소서.

신앙의 자유가 있다고 말하나 실제로는 신앙의 자유를 빼앗는 거짓과 악한 죄악을 예수 그리스도의 이름으로 대신하여 회개하오니 용서하여 주소서.

복음전도와 선교를 사회를 문란하게 만드는 불법으로 규정하여 이를 탄압하는 죄악을 예수 그리스도의 이름으로 대신하여 회개하오니 용서하여 주소서.

지하교회의 존재를 부정하는 북한의 죄악을 예수 그리스도의 이름으로 대신하여 회개하오니 용서하여 주소서.

성도들의 성경책과 모든 신앙서적을 빼앗아 불태우고 주일에 예배할 수 없도록 자유를 빼앗은 죄악을 예수 그리스도의 이름으로 대신하여 회개하오니 용서하여 주소서.

북한헌법 제5장 68조에 '공민은 신앙의 자유를 가진다'라고 명시된 내용을 준수하지 않는 북한의 죄악을 예수 그리스도의 이름으로 대신하여 회개하오니 용서하여 주소서.

간구

현재 고통 중에 있는
북한 지하교회가 보존되고 흥왕케 하옵소서!

"올 봄부터 시작해 배추농사를 마치는 가을까지 6가정이 모이는 교회가 되었습니다. 이것은 내 능력이 아니라 하나님께서 직접 하신 거란 말입니다. 긴대 성도들의 숫자가 많아지니까 소심해집니다. 제일 첫째는 우리 교회와 성도들의 안전을 위해 기도합니다." 이것은 북한 성도가 직접 들려준 고백이자 기도제목이다. 첫째도, 둘째도 성도들의 안전을 위해 우리가 마땅히 기도해야 할 이유는 지금 하나님의 교회가 북한 땅에서 왕성하게 세워지는 것이야말로 북한의 회복을 앞당기는 중요한 열쇠가 되기 때문이다. 특히 북한 지하교회가 부흥이 될 때, 북한에서 영향력 있는 당간부들과 장교들에게 복음이 전해져 그들을 통해 교회가 세워지고 더욱 폭발적인 부흥을 가져오게 될 것이다. 모퉁이돌선교회는 현재도 북한에 사람들을 훈련시켜 보내는 일들을 중심사역으로 감당하고 있다.

하나님의 교회와 성도들을 핍박하는 것을 곧 자신들의 체제 유지를 위한 당위성으로 생각하여 해방 이후 지금까지 가혹한 박해를 일삼는 북한 지도부와 이를 실행하는 당간부, 그리고 핵심요원들의 죄악을 예수 그리스도의 이름으로 대신하여 회개합니다. 저희들을 용서하여 주소서. 하나님은 우리를 온갖 시련 가운데서 위로하사 우리로 하여금 하나님께 받는 위로를 힘입어 시련 가운데 있는 모든 사람을 위로할 수 있게 하셨다 고후 1:4라는 말씀이 오늘도 고난 중에서 신앙을 지키는 북한 지하교회 성도들을 덮게 하소서. 그리하여 세워진 지하교회가 발각되거나 드러나지 않도록 보호하시고, 교회를 핍박하는 당간부와 장교들에게 하나님의 복음이 증거되어 저들을 통해 지하교회가 세워지는 역사가 일어나게 하소서.

선포

하나님의 백성들을 탄압하는 악한 세력들이 북한 땅에서 떠나고, 그곳이 하나님의 거룩함으로 충만할지어다!

이스라엘이 가나안을 정복할 때, 하나님은 그 안에 있는 더러운 것들을 제거케 하였다. 그런데 오늘 북한 전역에는 김일성과 김정일의 동상과 주체사상혁명연구소 등으로 넘쳐나고 있다. 이러한 것들로 더럽혀진 그 땅의 회복을 위해 하나님의 마음이 흡족하시기까지 더러운 것을 제거하는 일이 멈춰지지 않도록 기도해야 한다. 그리고 하나님을 믿는 백성들을 감시하고 탄압하는 죄악으로 넘쳐나는 가운데 하나님을 대적하는 악한 세력들이 북한에서 떠나도록 기도해야 한다.

이에 온 백성이 바알 신전으로 가서 그 신전을 헐고 그 제단들과 우상들을 산산이 부수며 바알의 제사장 맛단을 그 제단 앞에서 죽였다 제사장 여호야다가 여호와의 전에 호위대를 배치하였다 왕하 11:18. 나는 여호와라 이것이 내 이름이니 내가 내 영광을 다른 자에게 주지 않고 나의 찬송을 우상에게 주지 않으리라 사 42:8고 하신 말씀을 따라 북한 땅에 세워진 김일성 부자와 가족들의 모든 동상과 혁명사적지와 전적지 그리고 연구소 등을 하나님의 마음이 흡족하기까지 제거하는 일을 멈추지 않는 거룩한 백성들이 일어날지어다.

오늘의 기도

오늘의 기도

DAY 24

찬양 북한선교의 물꼬를 **활짝 열어주신 능력의 하나님**

회개 먹고 살기 위해 남의 것을
죄의식 없이 도둑질한 죄악을 회개합니다

간구 북한의 14개 도시와 4,777개 고을(지역)마다
교회가 세워지게 하소서

선포 북한 회복 시 북한의 14개 도시를 중심으로
교회개척사역이 활발하게 일어날지어다

찬양

북한선교의 물꼬를 활짝 열어주신 능력의 하나님!

너희는 이제 내가, 바로 내가 그인 줄 알라 나 외에는 신이 없다 나는 죽이기도 하고 살리기도 하며 상하게도 하고 낫게도 하니 아무도 내 손에서 빼앗을 자가 없다 내가 하늘을 향하여 나의 손을 높이 들고 맹세하기를, 내가 영원히 살아 있으니 신 32:39-40고 하신 하나님, 철저하게 외부세계와 차단되어 북한으로 복음을 전하는 선교사역이 어렵던 때에, 북한의 심각한 식량난으로 수많은 주민들이 탈북하게 하시고, 그들에게 복음을 전하는 일에 한국교회가 적극 참여할 수 있도록 강권적으로 역사하신 하나님을 찬양합니다.

이스라엘 집이여, 이 토기쟁이가 한 것 같이 내가 너희에게 행할 수 없겠느냐 이는 여호와의 이르심이다 이스라엘 집이여, 진흙이 토기쟁이의 손에 있는 것 같이 너희도 내 손에 있다 렘 18:6고 하신 하나님, 시야가 좁은 우리는 환난당한 북한 땅과 그 백성이 굶주려 죽는 것만을 안타까워하며 눈물지었습니다. 그런데 하나님은 그 고통을 통해 북한의 수많은 백성에게 하나님의 말씀을 전하셨고, 영원한 생명을 알게 된 북한 성도들이 돌아가 그곳에서 믿음을 지키고 전하는 놀라운 일을 주권적으로 행하셨음을 찬양합니다.

그의 표징들이 얼마나 위대하며 그의 기사들은 얼마나 막강한가 그의 나라는 영원한 나라요 그의 주권은 대대로 지속한다 … 그가 땅의 모든 주민을 없는 것 같이 여기시며 만군과 땅의 주민들을 자신이 원하시는 대로 다루시니 그의 손을 금하거나 그에게 말하기를, 당신은 무엇을 하십니까 할 자가 없도다 단 4:3, 35. 하나님, 그렇습니다. 하나님께서 굶주린 백성들에게 영원한 생명이 전해지게 하시고, 그들로 돌아가 죽음을 두려워하지 않고 하나님의 말씀을 전하게 하심으로 모퉁이돌선교회를 통해서 2023년 3월까지 북한에 1,845 교회가 세워지게 하셨습니다. 이렇듯 북한의 백성들에게 하나님의 말씀이 들려지도록 강권적으로 역사하신 하나님을 찬양합니다.

회개

먹고 살기 위해 남의 것을 **죄의식 없이 도둑질한 죄악을 회개합니다!**

국경지역에서 한 북한 여인을 만났다. 딸아이가 11살인데 학교에 보내지 못한다고 해서 이유를 물었다. "굶주림을 면하려고 경사진 밭을 일궈 감자를 심었다 말임다. 긴대 그 밭이 1시간 거리에 있어 아침에 가서 일을 하면 저녁 늦게나 돌아온다 말임다. 긴대 집에 사람이 없으면 그저 몽땅 가져가는데 어쩜니까? 기래서 어린 딸이 학교에 가지 못하고 집을 지킨다 말임다. 조선에는 그런 애들이 숫합니다." 북한에서 흔히 볼 수 있는 사례이다.

어디 그뿐인가? 북한에 들어가 무역을 하는 현지 일꾼을 만나서 듣게 된 이야기는 더욱 기가 막힌다. "북한의 생선을 사서 무역하는 중국 사람들이 명태를 중국으로 가져와 가공해 말려서 다시 북한으로 가져옵니다. 처음에 그게 이해되지 않아 조선에서 공장을 세워 생선을 말리면 시간과 비용이 절약되고 이익도 많을 텐데 왜 복잡하게 중국에 가져가 말려서 다시 가져오느냐고 물었습니다. 대답이 가관입니다. 한마디로 조선에서는 사람들이 생선이나 부품 등 닥치는 대로 몽땅 훔쳐가기 때문에 도저히 공장을 할 수가 없답니다."

이와 같이 30년 가까이 극심한 굶주림 속에 살아온 북한 주민들은 남의 물건을 훔치는 것을 대수롭지 않게 여긴다. "당은 당당하게 해먹고, 보위부는 보이지 않게 해먹고, 안전부는 안전하게 해먹고, 군대는 마음 놓고 해먹고, 인민들은 몰래몰래 해먹는다." 이는 북한 주민들이 도처에서 횡행하는 도둑질을 빗대어 풍자한 말이다. 돼지를 비롯한 동물을 도둑맞지 않으려고 우리가 아닌 방에서 길러야 하고, 아이들은 집을 지키느라 학교에 가지 못하고, 농사 짓는 사람들은 수확할 농작물을 지키려고 논밭에서 잠을 자야 한다. 군인들은 저녁에 굴뚝에서 연기가 나는 집을 살펴두었다가 밤중에 그 집을 습격해 도둑질한다. 공장이나 기업소, 길가에 세워진 전봇대의 전선줄, 골동품, 나무, 구리 등 닥치는 대로 훔치고, 심지어 밭에 씌워놓은 비닐도 훔쳐가는 형국이다. 그야말로 북한 전체가 도둑공화국이라 해도 과언이 아니다.

도둑질하지 말라 신 5:19고 명령하신 주님, 당간부들로부터 시작해 어린 아이에 이르기까지, 군대 그리고 기업소와 당의 모든 기관들이 전부 도둑질을 일삼으면서도 죄로 여기지 아니하는 북한의 죄악을 회개합니다.

북한의 땅과 백성들이 하나님께 속한 것임에도 수령으로 군림하며 땅과 주민들을 하나님으로부터 도둑질하여 개인 소유물로 삼고 있는 김정은의 죄악을 예수 그리스도의 이름으로 대신하여 회개하오니 용서하여 주소서.

북한에서 핵심세력으로 특별 관리를 받고 혜택을 누리는 힘을 가진 자들이 나라와 백성들의 것을 빼앗는 죄악을 예수 그리스도의 이름으로 대신하여 회개하오니 용서하여 주소서.

군인들이 배고픔을 해결하기 위해 마을을 습격하고, 양식이 있는 집들을 습격해 훔치고 도둑질하는 죄악을 예수 그리스도의 이름으로 대신하여 회개하오니 용서하여 주소서.

물건이나 돈을 누군가에게 가져다주길 부탁하면 심부름하는 사람들이 그것을 훔치고도 태연한 북한 주민들의 죄악을 예수 그리스도의 이름으로 대신하여 회개하오니 용서하여 주소서.

공장이나 기업소 그리고 농장이나 길가 등에서 돈이 될 만한 것은 몽땅 훔치고 도둑질하는 북한 주민들의 죄악을 예수 그리스도의 이름으로 대신하여 회개하오니 용서하여 주소서.

사람이 없는 빈집을 털거나 밭이나 논에서 수확할 농작물을 훔쳐가는 일이 비일비재한 북한의 죄악을 예수 그리스도의 이름으로 대신하여 회개하오니 용서하여 주소서.

사람들이 물건을 훔쳐갈까 봐 집을 지키느라 아이들이 학교에도 가지 못하는 지경에 이른 북한의 죄악을 예수 그리스도의 이름으로 대신하여 회개하오니 용서하여 주소서.

간구

북한의 14개 도시와 4,777개 고을(지역)마다 교회가 세워지게 하소서!

북한 지하교회에 대한 탄압이 더욱 심화되고 있는 시점에서 모퉁이돌선교회는 2023년 3월까지 1,845개의 지하교회를 개척하였다. 이 교회는 눈에 보이는 건물이 아닌 성도들의 모임 중심의 형태로 존재한다. 그러므로 모퉁이돌선교회는 북한 회복 시에 흩어져 있는 북한 지하교회 성도들이 우왕좌왕 하지 않고 일시에 응집력 있게 모일 수 있도록, 북한 14개의 중요도시에 교회 건물이 세워지도록 기도하고 있다. 북한의 회복 후 남한의 교회들은 북한에 교회를 세우려고 달려가 깃발을 꽂을 것이다. 더욱이 이미 북한에 막대한 경제력을 투자한 통일교와 신천지를 비롯한 이단들이 조직적으로 자신들의 제단을 세우려 혈안이 될 것이다. 그러나 북한 회복 후 북한에 세워질 교회는 현재 남한교회의 모판을 그대로 옮긴 형태가 되어서는 안 된다. 그러하기에 북한 회복 후 북한의 행정구역상 구분된 4,777개 고을마다 하나님의 교회가 세워지도록 우리는 지금부터 힘써 기도해야 한다.

우리의 관점과 시각으로 현재 북한체제 하에서는 하나님의 교회가 북한 땅에 세워지는 것이 불가능하다고 확신하며 제한했던 죄악을 예수 그리스도의 이름으로 회개합니다. 저희들을 용서하여 주소서. 내가 시초부터 종말을 예고하였고 아직 이루어지지 않은 일들을 오랜 옛날부터 알려주며 말하기를, 나의 목적이 반드시 서리라 내가 나의 뜻을 이루리라 하였으니 사 46:10 고 하신 주의 권능 있는 말씀에 따라 북한 회복 시 흩어져 있는 북한 지하교회 성도들이 즉각적으로 모일 수 있는 14개의 시를 비롯한 북한 곳곳에 예배당 건물이 세워지게 하소서. 그리고 북한 회복 후 북한의 4,777개 고을(지역)마다 하나님의 교회가 세워지게 하시며, 통일교를 비롯한 이단들이 득세하지 못하도록 주의 강한 손과 팔로 막아주소서.

선포

북한 회복 시 북한의 14개 도시를 중심으로 교회개척사역이 활발하게 일어날지어다!

북한 붕괴 시 예측 가능한 여러 가지 시나리오가 발표되고 있다. 그 중의 하나가 유사시 북한 인민들이 탄압당하고 굶어죽는 사태가 발생할 때, 특정 국가가 개입하는 것이 아니라 과거에도 그랬듯이 유엔 상임위원회의 결정 하에 신탁통치하는 방식이다. 예를 들면 함경남북도는 러시아가, 평안남북도와 자강도, 양강도는 중국이, 강원도는 일본과 미국이, 황해남북도는 유엔 등이 신탁통치를 하는 시나리오이다. 이와 같이 북한 붕괴 시 힘의 논리에 따라 분할신탁통치가 일어나기 전에, 북한 회복 이룸으로 2년 내에 북한의 14개 주요도시에 그리고 5년 안에 4,777개 고을마다 교회가 개척될 것을 선포하며 기도합니다.

할렐루야 우리 하나님을 찬양함이 얼마나 선한가 그를 찬양함이 얼마나 아름답고 마땅한가 여호와께서 예루살렘을 세우시고 이스라엘에서 쫓겨난 자들을 모으시며 마음이 상한 자들을 치유하시고 그들의 상처를 싸매신다 그가 별들의 수를 결정하시고 그것들을 다 그 이름대로 부르신다 우리 여호와는 위대하시고 능력이 풍성하시며 그의 명철은 이루 헤아릴 수 없다 여호와께서 짓밟힌 자들을 들어올리시나 악한 자들은 땅에 던지신다 여호와께 감사의 노래를 부르고 우리 하나님께 수금으로 찬양을 올리라 그가 구름으로 하늘을 덮으시고 땅을 위하여 비를 준비하시며 언덕에 풀이 자라게 하시고 들짐승들과 우는 새끼 까마귀들에게 먹을 것을 주신다 여호와는 말의 힘을 좋아하지 않으시며 사람의 강한 다리를 기뻐하지 않으시고 오직 자신을 경외하는 자들과 자신의 인의에 소망을 두는 자들을 기뻐하신다 예루살렘아, 여호와를 찬양하라 시온아, 너의 하나님을 찬양하라 그가 너의 문빗장을 견고하게 하시고 네 안에 있는 너의 자녀들에게 복을 주시며 너의 경계 안에 평화를 허락하시고 가장 좋은 밀로 너를 배불리신다 그가 명령을 땅에 보내시니 그의 말씀이 쏜살같이 달려간다 그가 눈을 양털 같이 내리시며 서리를 재 같이 흩으시고 우박을 떡 부스러기 같이 던지시니 누가 그의 추위 앞에 설 수 있는가 그가 말씀을 보내여 그것들을 녹이시고 미풍이 불게 하시니 물들이 흐른다 그가 자신의 말씀을 야곱에게 계시하시고 자신의 법규와 규례를 이스라엘에게 계시하신다 다른 민족에게는 그가 이와 같이 행하지 않으셨으니 그들은 그의 규례를 알지 못한다 할렐루야 시 147편. 하나님이 통치하시는 이 땅을 나누어 통치하려는 악한 세력의 음모가 중지되기를 간구하며 선포합니다. 이 땅을 신탁통치로 나누려는 악한 세력들의 음모가 중단될지어다. 또한 북한 회복 시 북한의 14개 주요도시와 4,777개 고을마다 교회가 개척되어 하나님을 예배하는 백성들의 찬양소리로 가득할지어다.

오늘의 기도

오늘의 기도

DAY 25

찬양 북한의 회복을 준비케 하시는 **여호와 이레 하나님**

회개 한국교회가 3만 명에 이르는 탈북자들과
함께하지 못한 죄악을 회개합니다

간구 북한 회복 시 북한에 돌아갈 **탈북사역자들이 훈련되게 하소서**

선포 탈북자들을 통한 **북한선교의 길들이 준비될지어다**

찬양

북한의 회복을 준비케 하시는 **여호와 이레 하나님!**

이 일들 후에 하나님이 아브라함을 시험하시고자, 아브라함아 하고 부르시니 그는 내가 여기에 있습니다 하고 대답하였다 이에 하나님이 말씀하시기를, 너의 아들, 네가 사랑하는 외아들 이삭을 데리고 모리아 땅으로 가서 내가 너에게 일러줄 한 산, 거기에서 그를 태움제물로 바치라 하시니 … 이때에 아브라함이 눈을 들어 보니 자기 뒤쪽에 뿔이 수풀에 걸린 수양 한 마리가 있었다 아브라함이 가서 그 수양을 끌어다가 자기 아들 대신 태움제물로 바치고 아브라함이 그곳을 여호와 이레라 불렀으므로 오늘까지, 여호와의 산에서 그것이 준비되리라 하는 말이 전해진다 창 22:1-2, 13-14. 모퉁이돌선교회는 지난 38년 동안 하나님의 말씀을 듣고 순종하여 사역을 감당해 왔습니다. 성경을 배달하고, 사람들을 훈련시키는 신학교를 배달하고, 복음을 전하고 훈련시킨 사람들을 돌려보내는 일이 계속되는 동안 북한 땅에 복음이 전해져 교회가 세워지는 기쁨을 보게 하셨습니다. 그리고 북한 전체가 재난 당한 상황을 보며 앞으로의 재난을 한국과 세계교회가 함께 준비해야 함을 나누었습니다. 결국은 그것이 북한의 회복을 준비하시는 하나님의 계획이었음을 알게 하셨습니다. 이렇게 한 치 앞을 알 수 없는 우리로 북한의 회복을 준비케 하신 여호와 이레의 아름다우신 하나님을 찬양합니다.

회개

한국교회가 3만 명에 이르는 탈북자들과 함께하지 못한 죄악을 회개합니다!

"하나님에 대해 간절히 알고 싶어 하는 사람들이 많은데 가르쳐 주는 사람이 없습니다. 탈북자들 가운데 체계적으로 성경을 공부하고 싶어 하는 사람들이 있습니다. 교회에 갔다가 찬송가 부르는 것을 들었는데, 그것을 배우고 싶어도 어디 가서 배워야 하는지 모르겠다고 하더라구요." 지난 여름, 탈북자들을 모아 수련회를 진행했던 탈북사역자의 고백이다.

2023년 현재 한국에 온 탈북자가 약 3만 5천 명에 이르고 있다. 그러나 이들 중 대다수가 교회에 정착하지 못하고 방황하고 있으며, 많은 사람들이 이단의 유혹에 빠지고 있다.

내가 그 입에서 피를 없애고 그 이빨 사이에서 그 역겨운 것들을 없앨 것이니 그들도 우리 하나님께 남은 자가 되고 유다에서 한 집안 같이 될 것이며 에그론은 여부스 사람들 같이 되리라 슥 9:7고 말씀하신 주님, 한국교회가 하나님께서 지명하여 보내주신 많은 탈북자들을 통해 북한 회복을 준비할 수 있는 전략을 주셨음에도 우리가 탈북자들과 함께하지 못함을 예수 그리스도의 이름으로 회개합니다.

한국에 와 있는 3만 5천 명에 이르는 탈북자들을 이해하기 위해 노력하지 않고 인내하지 못했음을 회개하오니 용서하여 주소서. 또한 교회에 찾아오는 탈북자들에게 그들의 눈높이에 맞는 사랑을 베풀지 못하고 적합한 신앙교육을 감당하지 못했음을 회개하오니 용서하여 주소서.

한국교회가 탈북자사역을 제대로 감당하지 못함으로 인해 많은 탈북자들이 이단의 유혹에 빠져가도록 방치한 죄악을 회개하오니 용서하여 주소서.

간구

북한 회복 시 북한에 돌아갈 탈북사역자들이 훈련되게 하소서!

이제 곧 하나님은 북한의 문을 여실 것이다. 이때 북한에 가서 사역할 사역자들이 훈련되어야 한다. 이미 분단되어 오가지 못함으로 서로를 이해할 수 없는 남북한의 상황에서 북한을 이해하는 사역자들이 준비되어야 한다. 이들이 곧 지금 한국에 와 있는 3만 5천 명에 이르는 탈북자들이고, 특히 그들 중에 신학을 공부하고 있거나 각 분야에서 북한에 돌아가 사역하길 원하는 탈북사역자들이 훈련되어야 한다. 그러나 이미 한국교회의 영향을 받아 탈북자들이 자신들이 속한 교단에서 신학공부를 하며 서로 연합하지 못하는 안타까운 상황이다. 북한 회복 시 이러한 폐단이 발생하지 않도록 지금부터 탈북신학생들이 하나된 공동체로 준비될 수 있어야 한다. 특히 많은 탈북자들이 이단에 빠지고 있는데, 북한 회복 시 이단의 무리가 북한에 뿌리내리지 못하도록 막아서며 기도해야 한다.

이 민족의 완전한 회복을 계획하시고 미리 탈북자들을 이 땅에 보내신 하나님의 경륜을 깨닫지 못하고, 그 사명을 소홀히 생각한 한국교회와 우리의 죄악을 예수 그리스도의 이름으로 회개합니다. 저희들을 용서하여 주소서.

너는 네 주변에 모여든 모든 무리와 함께 준비하고 계속 준비하되 그들을 위하여 대기 상태에 있으라 겔 38:7라는 말씀과 같이 하나님이 북한의 문을 여실 그때에 남한에 있는 탈북자들이 주의 말씀으로 훈련되어 북한교회 사역을 감당할 수 있게 하소서. 특히 한국에서 각 교단별 신학을 공부하며 서로 자신들의 주장으로 하나되지 못하고 있는데, 이제 북한 회복을 준비하며 탈북신학생과 사역자들의 모임이 긴밀하게 이루어져 북한 회복 시 그들이 북한에 돌아가 건강한 사역을 감당케 하여 주소서. 이단의 무리에 빠져가는 탈북자들을 한국교회가 방치하지 않도록 힘쓰고 애쓰게 하여 주소서.

선포

탈북자들을 통한 북한선교의 길들이 준비될지어다!

최근 중국 경찰의 조사에 의하면, 약 15만 명의 탈북자들이 중국에 있다고 한다. 이들은 주로 도심이나 도시 주변의 농촌과 기업소 등에서 직업을 가지고 살고 있다. 그러나 안타깝게도 이들에게 복음을 전하는 손길이 많지 않다. 이들이 복음으로 훈련된다면 유사시에 대부분 북한에 돌아가 복음을 전할 자원이 될 수 있다.

여호와께서 시온을 위로하시고 시온의 모든 황폐한 곳을 위로하실 것이니 그 광야가 에덴 같이, 그 사막이 여호와의 동산 같이 되어 기쁨과 즐거움과 감사와 노래소리가 거기서 나오리라 사 51:3. 지금은 비록 유리하는 신세가 된 15만 명의 탈북자들이 하나님께서 북한을 회복하실 그때에 이들로 복음의 기쁜 소식과 창화하는 소리가 되어 북한에 귀환케 하셔서 귀한 일꾼으로 세우실 것을 선포합니다.

오늘의 기도

DAY 26

찬양 신실하신 **하나님**

회개 통일시대에 적합한 지도자교육을 **준비하지 못한 죄를 회개합니다**

간구 평양국제성경학교(PIBC)를 통해
북한 회복 후 쓰임 받을 사역자들이 준비되게 하소서

선포 더 많은 복음의 레지스탕스가 **북한 땅에 일어날지어다**

찬양

신실하신 하나님!

여호와여, 나는 당신의 인의를 영원토록 노래하며 당신의 성실을 내 입으로 모든 세대에 선포하겠습니다 이는 당신의 인의가 영원히 세워지고 당신의 성실이 하늘만큼 견고하기 때문입니다 … 여호와여, 하늘이 당신의 기이한 행적들을 찬양하게 하시고 거룩한 자들의 집회에서 당신의 성실을 찬양하게 하소서 … 여호와 만유의 하나님, 당신만큼 전능한 자가 누구입니까 여호와여, 당신의 성실이 당신을 두르고 있습니다 … 나의 성실과 인의가 그와 함께 있으므로 내 이름으로 그의 뿔이 높여지리라 시 89:1-2, 5, 8, 24. 우리가 눈을 뜨고 호흡하는 매 순간마다 하나님의 성실하심이 한 번도 우리를 떠나지 아니하셨습니다. 그 성실하신 하나님이 우리 모임 가운데 계시며, 남북한에 거하시며, 약속하신 대로 북한의 회복을 이루어가심을 인하여 찬양하고 경배합니다.

회개

통일시대에 적합한 지도자교육을 준비하지 못한 죄를 회개합니다!

북한은 오랜 분단으로 인하여 우리와 문화가 다르고, 언어와 사상과 이념 등이 달라져 있다. 이에 북한 주민들의 눈높이에 맞는 교육프로그램이 준비되어야 하고, 통일을 대비한 사역자들이 준비되어야 한다. 그럼에도 우리는 여전히 북한 회복과 그 이후 북한선교에 대해 막연한 생각으로 일관하고 있다. 이러한 우리의 태도를 하나님께서 책망하신다.

너는 이 계시를 기록하여 서판에 명백히 새기되 달리는 자도 읽을 수 있게 하라 합 2:2고 말씀하신 주님, 하나님께서 북한의 회복을 준비하라고 말씀하셨음에도 우리가 적극적으로 준비하지 못한 죄를 예수 그리스도의 이름으로 대신하여 회개합니다.

한국교회와 성도들이 북한 회복에 대한 막연한 태도로 북한선교에 대해 태만했던 죄악을 회개하오니 용서하여 주소서.

통일시대 북한에 돌아가 활동할 사역자들을 세우는 데 필요한 내용과 인적·물적 자원을 준비함에 무지했던 죄악을 회개하오니 용서하여 주소서.

지도자교육에 적합한 교육내용과 운영에 대한 구체적인 방안을 마련하지 못한 죄를 회개하오니 용서하여 주소서.

북한에 있는 믿음의 성도들이 자체적인 활동을 할 수 있도록 적극적으로 지원하지 못함을 회개하오니 용서하여 주소서.

간구

평양국제성경학교를 통해 북한 회복 후 쓰임 받을 사역자들이 준비되게 하소서!

모퉁이돌선교회는 해방 이후 북한에서 신앙을 지켜온 그루터기 성도들과 중국에 나와 훈련을 받고 북한으로 돌아간 3,019명이 넘는 성도들을 위해'평양국제성경학교'를 통해 성경을 가르치고 예배를 드릴 수 있도록 준비해 왔다. 앞으로 이 과정을 더욱 확대.보강하여 2년 과정의 성경전문학교에서 시대별.성경별 성경 강해와 히브리어 강의 등을 통해 북한 안에 있는 지도자들과 탈북자들을 준비시켜 북한 회복 후 북한에서 사역하는 선교사와 목회자로 세울 수 있도록 훈련하려고 한다. 이 사역이 실제적으로 추진되어 북한 회복 후 건강한 하나님의 사역을 감당할 일꾼들이 세워지길 기도한다. 특히 방송을 통해 진행되는 2년 과정의 성경전문학교에 필요한 강사, 커리큘럼, 강의를 전달할 수 있는 탁월한 일꾼들과 기계, 비용들이 준비되어 운영될 수 있도록 기도가 필요하다.

하나님의 백성들로 복음을 듣지 못하며 활동할 수 없도록 철저하게 차단하며 통제하는 북한 위정자들의 죄악을 예수 그리스도의 이름으로 대신하여 회개합니다. 저희들을 용서하여 주소서. 너희의 구속자요 이스라엘의 거룩하신 이, 여호와께서 이같이 말씀하시되, 나는 너의 하나님 여호와, 곧 너의 유익을 위하여 너를 가르치며 네가 마땅히 가야 할 길로 너를 인도하는 자라 사 48:17. 방송으로 이뤄지는 '평양국제성경학교'를 통해 북한에서 활동하는 사역자들과 남한에 와 있는 탈북자들에게 가장 적합한 교육을 실시해 훈련시킬 수 있게 하여 주소서. 이것을 통해 북한 회복 후 북한의 교회가 불길처럼 타오르게 하시고, 고난을 견딘 이들을 통해 주의 복음이 중국과 소수민족을 넘어 아랍과 예루살렘에 전파될 수 있게 하여 주소서.

선포

더 많은 복음의 레지스탕스가 북한 땅에 일어날지어다!

최근 들어 복음을 들고 북한 땅에 돌아갔다가 잡히는 성도들의 소식을 자주 듣게 된다. 이는 북한에서 믿음을 지키고 복음을 전하는 일에 그만큼 방해가 심하고 영적 싸움이 치열함을 반증하는 것이다. 복음을 철저히 거부하는 북한체제 하에서 믿음을 지키고 전하는 자들은 예수 그리스도의 레지스탕스가 되어 하나님의 통치가 그 땅에 도래할 것을 믿음으로 준비해야 한다. 북한에 더 많은 예수 그리스도의 레지스탕스가 준비되도록 기도하자.

우리가 일찍이 빌립보에서 수난과 모욕을 당하였으나 너희가 아는 바대로 극심한 방해를 무릅쓰고 우리 하나님 안에서 용기를 얻어 너희에게 하나님의 복음을 전하였다 살전 2:2. 복음을 위해서 생명도 아끼지 않는 전사들을 북한 땅에 심겨 놓으시고 오늘도 그들로 일하게 하시는 주님을 찬양합니다. 더 많은 예수의 비밀병기들이 준비되고, 이를 통해 북한에 하나님의 나라와 통치가 임함으로 북한 회복을 준비하는 예수 그리스도의 레지스탕스들이 일어날지어다.

오늘의 기도

DAY 27

찬양 복음이 제한된 지역에 **적합한 선교전략을 주신 지혜로우신 하나님**

회개 북한에 하나님의 교회가 없다며
전능하신 하나님의 능력을 불신한 한국교회의 죄를 회개합니다

간구 복음방송을 통해 **북한을 진동케 하소서**

선포 복음을 가지고 침투할 **다양한 통로가 열릴지어다**

찬양

복음이 제한된 지역에
적합한 선교전략을 주신
지혜로우신 하나님!

여호와께서 지혜로 땅의 기초를 놓으시고 명철로 하늘을 견고히 세우셨으며 잠 3:19. 1983년 북한은 굳게 닫혀 있었습니다. 그때 우리로 선교할 수 없다고 핑계댈 수 없도록 북한과 왕래가 잦았던 조선족들을 만나게 하시고, 그들을 통해 북한에 성도들이 있으며, 그 북한 성도들이 성경을 간절히 원하고 있음을 알게 하신 지혜로우신 하나님을 찬양합니다.

자신의 능력으로 땅을 짓고 자신의 지혜로 세계를 세우며 자신의 명철로 하늘을 펼친 이는 여호와이시다 렘 10:12. 중국의 삼엄한 감시 가운데서도 그때마다 하나님의 말씀을 배달하고 복음을 전할 수 있는 상황을 허락하시고, 필요한 일꾼들을 만나게 하시며 성도들을 보내주사 복음을 전할 수 있도록 완전한 지혜로 역사하신 좋으신 하나님께 감사와 영광을 돌립니다. 곧 홀로 지혜로우신 하나님께 예수 그리스도로 말미암아 영광이 영원토록 있으리라 아멘 롬 16:27. 할렐루야!

회개

북한에 하나님의 교회가 없다며 전능하신 하나님의 능력을 불신한 한국교회의 죄를 회개합니다!

1945년 해방과 함께 북한은 공산화를 강력하게 추진하면서 하나님의 교회를 파하고 믿음의 성도들을 탄압하는 정책을 강도 높게 추진하였다. 북한은 여기에서 그치지 않고 체제 유지를 위해 북한 주민들로 하여금 외부와 접촉하지 못하게 철저히 차단해 왔다. 그 결과 "북한에는 하나님의 교회가 없다!"는 말이 한국교회 안에 그리고 탈북자들 가운데서도 공공연하게 나돌았다.

그리스도께서 약함 중에 십자가에 못 박히셨으나 하나님의 능력으로 살아나셨으니 우리도 그리스도 안에서는 약하나 너희를 다룰 때에는 그리스도와 함께 하나님의 능력으로 살아날 것이다 고후 13:4. 주님, 복음을 철저하게 대적하고 거부하는 북한에서도 어제나 오늘이나 어느 때고 능력으로 역사하시는 하나님의 능력을 믿지 못하고, "북한에 하나님의 교회가 없다"고 말했던 죄악을 예수 그리스도의 이름으로 대신하여 회개합니다. 용서하여 주소서.

간구

복음방송을 통해
북한을 진동케 하소서!

"북한에는 영혼이 굶주려 허기져 있기에 목숨을 걸고 라디오를 듣습니다. 아니 북한에서는 라디오를 귀로 듣는 것이 아니라 온몸으로 먹습니다. 지금 북한에는 양들이 살겠다고 피투성이가 되어 하나님의 말씀을 기다리고 있습니다. 전파 방해가 심할 때는 어떻게든 방송을 듣고 싶어 안테나를 입에 물기도 하며 들었습니다. 그리고 북한에 라디오를 보내는 것을 전쟁으로 선포했으면 좋겠습니다." 북한에서 오랫동안 남한의 라디오방송을 들었던 주경배 형제의 간절한 호소이다. 복음을 철저하게 대적하고 거부하는 북한의 현실에서 공간의 제약을 받지 않는 복음방송은 말씀에 굶주린 북한의 영혼들에게 하나님이 주신 중요한 선교전략이다.

모퉁이돌선교회는 1990년대 초부터 '광야의 소리' 방송을 시작해 잠시 중단했다가, 2007년에 재정비하여 방송사역을 재개하여 매주 금요일 12시 정오에 '남북이 드리는 연합예배'의 공개예배 실황을 북녘 성도들이 듣고 있는 단파와 중파로 매주일 방송하고, 매일 저녁 10시부터 11시, 새벽 4시부터 5시까지 단파로 방송한다. 이제는 지상파, 인터넷, 앱 등으로 방송사역을 확장하고 있다. 2014년 4월부터 매일 낮 12시 앱으로 북한을 위해 기도하는 '정오의 기도'가 방송되고 있다. '정오의 기도'에 7천 명의 기도용사가 세워지기를 기도하며 감당하고 있다. 방송사역을 통해 견고한 북한 땅을 진동케 하는 역사가 더욱 활발하게 일어나기를 기도하자.

하나님을 믿는 백성들의 눈과 귀를 막아 영적인 귀머거리와 벙어리 되어 냉가슴을 앓게 만든 김일성과 그를 추종해 온 모든 세력의 죄악을 예수 그리스도의 이름으로 대신하여 회개합니다. 저희들을 용서하여 주소서. 너희는 온 세상에 가서 모든 사람에게 복음을 전파하라 막 16:15. 하나님의 말씀이 방송을 통해 북한에 들려질 때, 그 땅과 하늘이 진동케 하여 주소서. 그리하여 방송을 듣는 북한 성도들과 주민들 그리고 감청요원들까지 복음의 능력에 굴복하게 하시고, 방송을 듣는 성도들을 보호하여 주소서. 이를 통해 하나님의 나라가 북한에 견고히 서며, 북한에서 방송을 듣는 자들에게 북한을 향한 남한 교회와 성도들의 사랑의 마음이 전해지게 하시고, 이것이 곧 오랫동안 왕래가 막혀 있는 남북한이 북한 회복을 준비할 수 있는 중요한 통로가 되게 하여 주소서.

선포

복음을 가지고 침투할 다양한 통로가 열릴지어다!

북한에 복음을 전하기 위해서는 특수한 상황에 적합한 특수한 선교전략이 필요한다. 지금까지 모퉁이돌선교회는 북한 하부에서부터 침투해 접근하는 선교전략을 사용해 왔는데, 이것은 아주 실제적인 효과를 가져왔다. 그러므로 하나님이 인도하시는 예비된 한 영혼에게 복음을 전해 그들을 변화시키는 방법을 보다 확대할 필요가 있다. 그렇게 할 때, 하나님은 북한 회복의 길을 새롭게 여실 것이다.

너희가 악할지라도 너희 자녀에게 좋은 선물을 줄 줄 아는데 하물며 너희 하늘 아버지께서 자신에게 구하는 자에게 좋은 선물을 주시지 않겠느냐 마 7:11. 오늘도 철저하게 갇힌 북한의 영혼들에게 복음 전하기 원하는 소원을 우리 안에 두신 아버지, 말씀에 목마른 저들에게 복음을 전할 수 있는 길을 더 활짝 열어 주소서. 복음을 침투시킬 더 많은 길들아, 열릴지어다!

오늘의 기도

오늘의 기도

DAY 28

찬양 평강이신 **하나님**

회개 이 민족이 하나되지 못하고
서로 미움과 갈등으로 분열을 즐겨한 죄악을 회개합니다

간구 북한의 지배층과 피지배층의 **갈등이 해결되게 하소서**

선포 북한의 핍절함이 **북한 회복을 여는 문이 될지어다**

찬양

평강이신 하나님!

기드온이 자기 집으로 들어가 염소 새끼 하나를 준비하고 가루 한 에바로 누룩 없는 떡을 만들고 그 고기를 광주리에 담고 국을 그릇에 담아 상수리나무 아래에 있는 그에게로 가져다가 드리자 하나님의 천사가 그에게 말하기를, 너는 그 고기와 그 누룩 없는 떡을 가져다가 이 바위에 올려놓고 국은 쏟으라 하니 기드온이 그대로 행하였다 여호와의 천사가 손에 잡은 지팡이 끝을 내밀어 그 고기와 누룩 없는 떡에 대니 바위에서 불이 솟아 그 고기와 누룩 없는 떡을 살랐고 여호와의 천사는 그의 눈앞에서 떠나 보이지 않았다 기드온은 그가 여호와의 천사임을 깨닫고 소리치기를, 주 여호와여, 내가 여호와의 천사를 대면하여 보았습니다 하자 여호와께서 그에게 말씀하시기를, 너에게 평화 있으라 두려워하지 말라 네가 죽지 않으리라 하셨다 기드온이 거기에 여호와를 위한 제단을 쌓고 그곳을 여호와 샬롬이라 부르니 그것이 아비에셀 사람에게 속한 오브라에 오늘까지 있다 삿 6:19-24. 우리가 오늘 숨을 쉬고 먹고 마시며 즐거워할 수 있음은 평강이신 하나님이 우리의 모든 삶을 둘러싸고 있음을 인함입니다. 풍전등화와 같이 위태로운 모든 순간에 이 민족이 안위할 수 있음도 평강이신 하나님의 돌보심을 인함입니다. 두려움과 위험이 우릴 둘러 덮칠 때에도, 북한 회복을 준비하며 기도하는 지금 이 순간에도 평강이신 하나님이 영원히 우리와 함께하심을 인하여 목소리 높여 경배합니다.

회개

이 민족이 하나되지 못하고 서로 미움과 갈등으로 분열을 즐겨한 죄악을 회개합니다!

우리나라처럼 서로 다름을 인정하지 못하고 지역, 계층, 학연 등으로 분열하는 민족이 또 있을까 싶다. 크게는 남북한이 갈라져 있고, 지역과 지역이 서로 감정적으로 분열되어 있고, 계층과 계층이 서로 잘못했다고 지적하고 정죄하는 죄를 그치지 않고 있다.

너는 그들을 일깨우되 그들로 통치자들과 권세자들에게 복종하고 순종하게 하며 모든 선한 일을 위하여 준비하게 하라 또한 그들로 아무도 비방하지 말게 하고 밀다툼을 피하며 온유하고 모든 사람에게 정중함을 보이게 하라 우리 자신도 한때 어리석고 불순종하였으며 잘못된 길로 이끌려 온갖 정욕과 향락의 노예가 되었고 악의와 시기 가운데 살면서 서로 미워하고 미움을 받았다 그러나 우리의 구원자이신 하나님의 선하심과 인의하심이 나타났을 때에 그가 우리를 구원하셨으니 그것은 우리가 행한 의의 행위로 인함이 아니라 오직 그의 긍휼을 따라 성령으로 말미암은 거듭남과 새롭게 하심의 씻음을 통하여 구원하셨다 이 성령을 하나님이 우리 구주 예수 그리스도를 통하여 우리에게 풍성히 부으셨으니 이는 우리로 하여금 그의 은혜로 의롭다 하심을 얻어 영생의 소망을 지닌 상속자가 되게 하려 하심이다 딛 3:1-7. 이 나라와 민족 가운데 지역, 계층, 학연 등으로 분열을 조장하고 파당을 만들어 자행자지했던 죄악을 예수 그리스도의 이름으로 대신하여 회개합니다. 용서하여 주소서.

간구

북한의 지배층과 피지배층의 갈등이 해결되게 하소서!

출신성분에 따른 철저한 계급사회인 북한에서 북한체제를 이끌어 가는 지도적 계급은 김일성과 그의 가족 및 친척들을 포함해 북한 인구의 약 1%인 20만 명으로 추산된다. 또한, 고급간부와 나머지 중하급 간부들이 포함되어 있는 핵심계층이 있다. 이들은 대부분 평양을 비롯한 대도시에 살면서 당.정.군 간부 등용에 있어서 우선적인 특혜를 받고, 진학, 승진, 배급, 거주, 의료 등 각종 분야에서 특권을 누리며 봉건적 세습신분 집단을 형성하고 있다. 반면 적대계급으로 분류되는 복잡한 군중, 즉 불순분자, 반동분자로 낙인찍힌 주민들은 사회로부터 소외되고 인권을 유린당해 대학 진학, 입당, 군 장교 등의 자격이 원천적으로 박탈된다. 이들 가운데 특별독재대상에 속하는 사람들은 일반주민과 격리된 산간지역이나 탄광지대에서 강제노동을 하며 결혼 및 출산에 있어 제한을 받는다. 이러한 이유로 북한의 변화와 통일 시에 지배층에 대한 피지배층의 분노가 걷잡을 수 없이 폭발할 가능성이 높은데, 이러한 문제가 충돌과 살상으로 확대되지 않도록 기도가 필요하다.

사상에 따라 일방적으로 적대계급으로 단죄해 자녀에게 대물림 되게 하면서 하나님이 부여하신 인간의 존엄성을 유린한 북한 지배계층의 죄악을 예수 그리스도의 이름으로 대신하여 회개합니다. 저희들을 용서하여 주소서.

유대인과 헬라인 사이에 구별이 없다 바로 그 주께서 만유의 주로서 그를 부르는 모든 사람에게 너그러우시니 롬 10:12. 사랑의 주님, 북한의 변화와 회복 시에 오랫동안 기본적인 인권을 유린당한 채 억압을 받아온 피지배계층의 분노가 주님의 사랑 안에서 만져지게 하시고, 지배계층이 피지배계층을 향해 진정으로 용서를 구함으로 화해의 역사가 일어날 수 있게 하소서.

선포

북한의 핍절함이
북한 회복을 여는 문이 될지어다!

"내래 북한에서 큰 사업을 했다 말입네다. 그때는 워낙 장사를 세게(크게) 해서 돈을 긁어모았댔시요. 2층집도 짓고 정말 잘 살았다 말입네다. 긴대 화폐개혁이 되면서 그 많던 돈이 한순간에 휴지조각이 되고, 장사도 서너 번 실패하면서 꽃제비 신세가 되었다 말입네다. 내래 아무것도 없는 꽃제비 신세가 되었으니 여기 와서 하나님 말씀을 듣지, 그렇지 않으면 어케 여기까지 왔겠습니까. 지금 생각해 보면 그거이 하나님의 은혜라 생각된다 말입네다." 북한성도의 고백이다. 북한 대부분의 주민들이 장마당 등을 통해 장사로 먹거리를 마련해 왔다. 그러나 화폐개혁으로 경기가 둔화되고, 설상가상으로 김정은의 감시와 탄압이 강화되면서 북한 시장과 가정경제가 어려워지고 주민들의 삶은 더욱 핍절해졌다. 결과적으로 북한 주민들의 삶은 더욱 어렵게 된 것이다. 이렇게 어려운 북한의 상황이 도리어 하나님께서 북한의 회복을 행하시는 통로가 되도록 기도하자.

"또한 우리를 위하여 기도하되 하나님이 우리에게 전도의 문을 열어주사 우리가 그리스도의 비밀을 선포할 수 있도록 기도하라 이를 위하여 내가 쇠사슬에 매여 있으니 골 4:3. 화폐개혁의 실패로 인하여 더욱 어려워진 북한의 경제가 견고한 북한 정권을 흔드는 도구가 되어짐을 찬양합니다. 어려운 북한 경제에 더 크고 무거운 멍에가 된 화폐개혁의 실패가 하나님이 행하실 회복의 문이 될지어다.

오늘의 기도

DAY 29

찬양 이 민족 가운데 **선교사를 보내주신 선하신 하나님**

회개 한국교회가 복음의 빚진 자임을 기억하지 못하고
선교에 적극적으로 나서지 않고 있는 죄를 회개합니다

간구 북한 어린이들을 위한 **사역자들이 훈련되게 하소서**

선포 북한 회복 시 북한 회복에 필요한
각 분야의 사역자들과 전문가들이 준비될지어다

찬양

이 민족 가운데
선교사를 보내주신 선하신 하나님!

내가 여호와께서 우리에게 베푸신 모든 긍휼과 찬양받기에 합당하신 여호와의 행적을 말하되 여호와께서 우리를 위하여 행하신 모든 일과 그가 그의 긍휼과 그의 풍성한 인의를 좇아 이스라엘 집에 베푸신 큰 은혜를 말하리라 사 63:7. 환웅이 동굴에서 100일간 먹지 않고 배고픔을 견뎌 여자가 된 곰과 결혼해서 낳은 아이가 단군이라고 하는 건국신화로부터 시작해 온갖 무속신앙을 신봉하고, 불교와 도교, 유교 등을 섬기는 우상숭배로 가득했던 이 땅에 1883년, 일본인 나가사카를 조선 첫 선교사로 부산에 보내시고 매서인으로 성경을 보급하도록 하심으로 모든 이름 위에 뛰어나신 하나님의 진리와 생명을 전하게 하신 선하신 하나님을 찬양합니다.

또한 여호와 네 하나님이 너의 손으로 하는 모든 것과 네 태의 열매와 네 가축의 새끼와 네 토지의 소출에 복을 내려 풍성하게 하시고 여호와께서 너의 조상들로 인하여 기뻐하셨듯이 너로 인하여 다시 기뻐하시며 너에게 복을 주실 것이니 네가 네 마음을 다하고 네 목숨을 다하여 여호와 네 하나님께로 돌아와 이 률법책에 기록된 그의 계명과 법규를 지키면 그렇게 하시리라 내가 오늘 너에게 명령하는 것은 너에게 너무 어려운 것이 아니고 너무 먼 것도 아니다 신 30:9-11라고 하신 하나님, 약속하신 그대로 1885년 4월 5일 언더우드와 아펜젤러 선교사가 제물포를 통해 조선에 들어오게 하시고, 1887년 새문안교회 창립예배를 드리게 하심으로 교회의 터가 세워지게 하신 선하신 하나님을 찬양합니다. 그리고 너희는 여호와의 선하심을 음미하며 바라보라 복 받은 사람은 그에게로 피한다 시 34:8 하심과 같이 1900년에 신약성경을, 1911년 3월에 구약성경을 완성해 계속된 개역작업을 거쳐 1938년까지 신구약합본성경을 발행케 함으로 조선의 많은 평민들이 하나님을 믿고, 하나님의 선하심을 맛보아 아는 복을 누리게 하심을 찬양하고 영광을 돌립니다.

회개

한국교회가 복음의 빚진 자임을 기억하지 못하고 **선교에 적극적으로 나서지 않고 있는 죄를 회개합니다!**

"한국교회가 미국 다음으로 선교사를 많이 파송하고 있습니다. 우리는 이제 선교 강국입니다!"언제부터인가 이것이 우리의 자랑이 되었다. 그러나 최근 한국교회 안에 선교에 대한 열기가 점차 식어가고 있으며, 북한선교 또한 많이 둔화되고 있는 실정이다.

이때에 예수께서 나아와 제자들에게 말씀하시기를, 하늘과 땅의 모든 권세가 내게 주어졌으니 그러므로 너희는 가서 모든 민족을 제자로 삼아 아버지와 아들과 성령의 이름으로 세례를 베풀고 내가 너희에게 명령한 모든 것을 가르쳐 지키게 하라 보라, 내가 세상 끝날까지 너희와 항상 함께 있으리라 하셨다 마 28:18-20고 말씀하신 주님, 한국교회로 복음을 알지 못하는 민족을 향해 나아가 선교할 수 있도록 복을 더하여 주셨음에도 불구하고 우리의 배를 두드리며 부요함을 자랑했던 죄악을 예수 그리스도의 이름으로 회개합니다. 용서하여 주소서.

간구

북한 어린이들을 위한
사역자들이 훈련되게 하소서!

현재 북한에는 심각한 식량난과 경제위기로 가정이 깨어지면서 버려져 떠도는 꽃제비 아이들이 북한 전역에 넘쳐나고 있다. 그들은 영양실조로 인한 발육부진, 정상적인 학교 교육의 부재, 그리고 부모의 사랑이 결핍된 총체적인 위기에 놓여 있을 뿐만 아니라 학교 교육이 가능한 아이들도 어려서부터 김일성과 김정일로 이어지는 가계 우상화 교육에 의해 맹종과 증오심에 불타고 있다. 북한 회복 시 이러한 북한 아이들의 특성을 이해하고 사랑으로 보듬을 수 있는 다양한 분야의 어린이 사역자들을 위한 훈련이 필요하다. 모퉁이돌선교회는 하나님에 대해 전혀 들어보지 못한 북한 어린이들을 위해 『성경만화시리즈』 5권(모세 5경, 역사서, 선지서, 예수님 이야기, 사도행전), 어린이 성경공부교재인『위대한 왕 이야기』, 『아버지의 사랑 이야기』(어린이용, 교사용), 그 외에 어린이들에게 복음을 전하기 위한 책들을 인쇄하여 보내고 있다.

하나님의 형상을 입고 태어나 가정에서 부모의 사랑을 받으며 자라야 하는 북한 어린이들의 권리를 송두리째 빼앗아 버린 북한의 권력자들과 우상화에 맹종하는 자들의 죄악을 예수 그리스도의 이름으로 대신하여 회개합니다. 저희들을 용서하여 주소서.

그들에게 말씀하시기를, 누구든지 내 이름으로 이런 어린아이를 영접하면 나를 영접하는 것이요 누구든지 나를 영접하면 나를 보내신 이를 영접하는 것이다 너희 모든 사람 중에 가장 작은 자가 가장 큰 자다 하셨다 눅 9:48. 버려진 북한 어린이들을 향한 하나님의 불타는 심장을 가진 사역자들이 다양한 분야에서 헌신되어 준비되게 하여 주소서. 오직 하나님의 사랑에 불타는 사역자들의 손길을 통해 부모의 사랑과 학교 교육, 의식주 등의 기초적인 생활마저 빼앗기고 버려진 북한의 아이들이 회복되게 하소서. 또한 현재 모퉁이돌선교회가 주님의 사랑으로 준비한 어린이 만화성경과 성경공부 교재가 북한 어린이들에게 더 많이 보내질 수 있게 하소서.

선포

북한 회복 시 북한 회복에 필요한
각 분야의 사역자들과 전문가들이 준비될지어다!

북한의 붕괴를 정확히 예측하고 대비하는 것은 참으로 어려운 일이다. 그러므로 북한에 붕괴 조짐이나 혼란이 보일 때, 북한 안에 복음으로 회복을 행하실 하나님의 뜻을 이루는 정의로운 세대가 일어나야 한다. 무엇보다 북한 회복에 필요한 각 분야의 사역자들과 전문가들이 지금부터 준비되어 북한 회복 시 즉각적으로 북한에 들어가 헌신적으로 참여할 수 있어야 한다. 북한의 상한 영혼들을 주님의 사랑으로 섬김으로 하나님의 뜻을 이루는 의로운 세대가 남한에서 준비되고, 이들이 북한의 성도들과 손을 잡고 연합해서 하나님께서 행하실 북한의 회복을 완성할 수 있도록 기도해야 한다.

여호와께서 우리에게 무죄 판결을 내리셨으니 오라, 우리가 시온에서 우리 하나님 여호와의 일을 선포하자 너희는 화살촉을 날카롭게 벼리고 화살통을 채우라 여호와께서 바벨론을 멸하려는 목적으로 메대 임금들의 마음을 흔드셨으니 그것은 여호와의 보복, 곧 그의 성전에 대한 보복이다 너희는 바벨론 성벽에 대항하여 기를 세우고 경계를 강화하라 파수군들을 세우고 복병들을 두라 이는 여호와께서 바벨론 주민들에 관하여 말씀하신 바를 계획하시고 실행하셨음이라 렘 51:10-12. 북한 회복의 때에 하나님의 뜻을 이룰 각 분야의 사역자들과 전문가들이 준비됨으로, 혼란한 시기에 북한의 회복을 위해 남북한 성도들이 함께 복음으로 회복을 이루는 대열에 참여할 것을 선포합니다!

오늘의 기도

DAY 30

찬양 하나님과 화목케 하시는 **사랑이신 하나님**

회개 북한은 남한을, 남한은 북한을 미워하고 싫어하는
쓴 뿌리가 있음을 자복하며 회개합니다

간구 남북한교회에 용서와 화해를 통한 **회복이 이뤄지게 하소서**

선포 남북한의 묶인 것들이 **용서와 화해로 풀어질지어다**

찬양

하나님과 화목케 하시는 **사랑이신 하나님!**

사랑하는 자들아, 우리가 서로 사랑하자 사랑은 하나님께 속한 것이니 사랑하는 자마다 하나님으로부터 나서 하나님을 안다 사랑하지 않는 자는 하나님을 인정하지 않으니 이는 하나님이 사랑이시기 때문이다 하나님의 사랑이 우리에게 이렇게 나타났으니, 하나님이 자신의 외아들을 세상에 보내여 그로 말미암아 우리가 살게 하신 것이라 사랑은 여기에 있으니 우리가 하나님을 사랑한 것이 아니요 하나님이 우리를 사랑하사 우리 죄를 위한 평화제물로 그의 아들을 보내신 것이다 사랑하는 자들아, 하나님이 우리를 이처럼 사랑하셨은즉 우리도 서로 사랑하는 것이 마땅하다 요일 4:7-11. 우리가 먼저 하나님을 사랑한 것이 아니라, 죄에 가리어진 우리를 사랑하사 먼저 찾아오신 사랑의 하나님을 기뻐 찬양하고 노래합니다. 그 사랑 앞에 나아가는 자마다 하나님과 화목하게 하심으로 하나 되게 하신 사랑의 하나님이 오늘도 우리 가운데 좌정하셔서 화목케 하심을 인하여 목소리 높여 찬양합니다.

회개

북한은 남한을, 남한은 북한을 미워하고 싫어하는 쓴 뿌리가 있음을 자복하며 회개합니다!

"공산당이 싫어요!" 이것은 한국의 학생들이 자라면서 받아왔던 교육이다. 또한 북한에서는 입에 담지도 못할 험한 말과 욕설로 남한을 미워하도록 주민들을 세뇌시켜 왔다. 이제 북한 회복을 준비하면서 무엇보다 우리가 해야 할 중요한 기도가 바로 남과 북의 백성들 마음속에 심겨진 미움과 증오의 쓴 뿌리를 뽑아내는 것이다. 이것은 우리의 능력이 아닌 오직 죽을 수밖에 없는 죄인 된 우리를 용서해 주신 주님의 사랑과 능력으로만 가능하다.

너희가 다른 사람의 허물을 용서하면 너희의 하늘 아버지께서도 너희 허물을 용서하실 것이나 너희가 다른 사람의 허물을 용서하지 않으면 너희 아버지께서도 너희 허물을 용서하지 않으시리라 마 6:14-15고 말씀하신 주님, 북한 회복을 준비하며 무엇보다 남과 북의 백성들 마음 깊이 뿌리 내려진 서로 미워하고 증오하는 마음을 지적해 주심을 감사합니다. 서로 미워했던 남과 북의 백성들의 죄악을 예수 그리스도의 이름으로 대신하여 회개합니다. 용서하여 주소서.

간구

남북한교회에 용서와 화해를 통한 회복이 이뤄지게 하소서!

남한사회의 세대 간, 계층 간, 지역 간의 갈등과 분열은 오늘내일의 문제가 아니다. 남한뿐만 아니라 한국에 온 3만 5천 명에 이르는 탈북자들 간에도 북한에서 엘리트 계층이었던 사람들은 그들끼리, 서민으로 살았던 주민들은 그들끼리만 소통하는 분열이 팽배해 있다. 이들의 연약함을 한국교회의 성도들이 이해하고 품어주지 못해 서로가 분리되어 있다. 북한 회복 시에도 역시, 신앙을 가지고 있으면서도 김일성 동상 등에 절했던 성도들을 향해 체제에 타협한 자들이라고 질타하고 정죄하는 상황이 왕왕 발생하게 될 것이다. 이런 문제들을 지금부터 예측하고, 반목이 아닌 하나님의 사랑 안에서 서로의 연약함과 아픔을 보듬어 주고 치유하여 하나되기를 위한 기도가 있어야 한다.

한국의 교회와 지역 그리고 세대와 계층 간에 서로를 용납하지 못하고 나의 생각과 조금만 달라도 정죄와 분열을 일삼았던 죄악을 예수 그리스도의 이름으로 회개합니다. 저희들을 용서하여 주소서.

내가 너에게 하늘나라의 열쇠를 줄 것이니 무엇이든지 네가 땅에서 묶으면 하늘에서도 묶이고 무엇이든지 네가 땅에서 풀면 하늘에서도 풀리리라 하셨다 마 16:19고 하신 주님, 이제 하나님께서 이루실 북한의 회복을 기대하며 먼저 한국교회가 분열했던 죄악을 회개하며 그 길에서 돌이키게 하시고, 북한의 체제에서 신앙을 지켰던 성도들의 아픔을 기억하며 그들이 당하는 고통을 품고 기도할 수 있게 하소서. 그리고 오늘 한국에 와 있는 탈북자들을 주의 사랑으로 돌아보게 하소서. 앞으로 주께서 북한의 회복을 행하실 때에 용서와 화해의 사역을 학습하며 준비할 수 있는 열정과 헌신과 섬김이 남북한의 교회 가운데 넘치게 하여 주소서.

선포

남북한의 묶인 것들이
용서와 화해로 풀어질지어다!

1950년에 발발한 6.25전쟁으로 인해 남북한에서 200만 명 이상이 죽었다. 이러한 아픔과 상처는 70년이 지난 지금도 여전히 상존해 있다. 얼마 전에도 남북한 이산가족 상봉이 이루어졌고, 부모와 자식들, 형제와 형제들이 만나 그동안 못 다 한 이야기를 나누고 다시 헤어져야 하는 아픔을 겪어야 했다. 결국 전쟁으로 부모와 자녀, 형제 등 가족을 잃은 사람들은 사무치는 원한과 증오를 가슴에 품고 있다. 하나님의 사랑 안에서 이러한 아픔과 상처들을 내어놓고 서로 용서하고 화해함이 없이는 북한의 완전한 회복이 어렵다. 용서와 화해로 먼저 하나되고 묶인 것들을 풀 수 있도록 기도하자.

너희가 누구를 용서하면 나도 그 사람을 용서한다 만일 내가 어떤 것을 용서하였다면 내가 용서한 것은 너희를 위하여 그리스도 앞에서 한 것이니 고후 2:10.
죄인 되었던 우리를 구원하시려 친히 화목제물이 되어 주셨던 주님, 그 주님의 사랑이 이 민족 안에서 6.25전쟁 중에 자행되었던 살인과 상처들을 내어놓고 용서하고 용서받는 화해의 자리로 불러내소서. 물리적인 통일을 이루기 전에 먼저 용서와 화해로 믿음 안에서 마음이 하나되어 이 땅의 묶임들을 풀어내고 자유케 하는 하늘의 역사가 이 땅에 가득할 것을 선포합니다.

오늘의 기도

DAY 31

찬양 영원하신 **하나님**

회개 하나님이 행하실 북한의 회복에 대해
믿음 없이 말하고 행동했던 우리의 죄악을 회개합니다

간구 세계교회들이 **북한교회 재건에 참여케 하소서**

선포 하나님이 친히 북한의 회복을 **행하실 것을 선포합니다**

찬양

영원하신 하나님!

높고 지존하신 이, 영원히 거하시며 거룩이 그 이름이신 이가 이같이 말씀하신다 나는 높고 거룩한 곳에 거하고 통회하여 심령이 겸손해진 자와 함께 거하니 이는 내가 겸손한 자의 령을 소생시키고 통회하는 자의 마음을 소생시키려 함이다 사 57:15. 영원부터 영원까지 우리와 함께 계시는 영원하신 하나님을 찬양합니다. "여호와여, 당신은 대대로 우리의 거처가 되셨습니다 산들이 솟아나기 전, 당신께서 땅과 세계를 만드시기 전, 곧 영원부터 영원까지 당신은 하나님이십니다 시 90:1-2. 영원하신 하나님이 우리의 모임 가운데도 계시며, 북한 회복을 위해 기도하고 준비하는 우리 가운데 계심을 선포합니다. 그리고 북한 회복이 이루어지는 순간과 회복 이후에도 영원히 함께하시는 영원하신 하나님을 송축합니다. 할렐루야!

회개

하나님이 행하실 북한의 회복에 대해 믿음 없이 말하고 행동했던 우리의 죄악을 회개합니다!

이 민족을 지으시고 창조하신 분이 하나님이시다. 이 민족 가운데 복음의 씨앗이 뿌려지게 하시고, 그 씨앗이 자라서 싹을 틔우고 부흥의 역사를 이루신 분도 하나님이시다. 그 하나님께서 이 민족 가운데 북한의 회복을 행하실 것이니 준비하라고 말씀하셨다.

하나님의 아들을 믿는 자는 자기 안에 그 증거를 가지고 있으나 하나님을 믿지 않는 자는 하나님을 거짓말쟁이로 만들었다 이는 하나님이 그의 아들에 관하여 주신 증거를 그가 믿지 않았기 때문이다 요일 5:10. 주님, 이 민족 가운데 통일을 행하시겠다고 약속하신 하나님의 말씀을 온전히 신뢰하지 못해 기뻐하지 않고 염려와 근심을 앞세웠습니다. 믿음 없는 태도로 일관했던 우리의 죄악을 예수 그리스도의 이름으로 회개합니다. 용서하여 주소서.

간구

세계교회들이 북한교회 재건에 참여케 하소서!

지금까지 우리는 한반도의 통일을 남북한의 문제로 보고 남한 주도적인 통일만을 생각해 왔다. 그러나 북한의 회복을 위해 하나님의 강권하시는 마음을 가진 세계교회들이 북한교회의 재건을 위해 지금부터 참여할 수 있도록 협력하고 연합하는 것이 필요하다. 이를 위하여 지금부터 세계교회와 지도자들에게 북한의 심각한 상황을 알림으로써, 그들과 함께 기도하며 복음으로 북한의 회복을 이루고 북한교회를 재건하는 일에 세계교회가 가지고 있는 풍부한 인적.물적 자원을 적극적으로 사용할 수 있도록 연합전선을 구축해야 한다.

서로 내 것의 옳음을 주장하며 믿음의 공동체인 교회에서조차 연합하지 못하고 모래알처럼 분리되는 이 민족과 교회의 죄악을 예수 그리스도의 이름으로 대신하여 회개합니다. 저희들을 용서하여 주소서.

내가 북쪽 땅에서 큰 나라들의 무리를 선동하여 와서 바벨론을 치게 할 것이니 그들이 대오를 갖추어 그녀를 칠 것인즉 거기에서 그녀가 점령되리라 그들의 화살은 결코 빈손으로 돌아오지 않는 로련한 용사의 화살과 같다 렘 50:9. 한국교회가 북한의 회복을 위해 기도하고 준비하며 세계교회와 연합하여 북한교회 재건을 준비할 수 있게 하소서. 특별히 이 일을 위해 세계교회 지도자들에게 북한의 참담한 실상을 알려 그들이 가지고 있는 풍부한 인적·물적 자원들이 복음으로 북한이 회복되는 일에 적극적으로 사용되어 하나님의 뜻을 이루게 하소서.

선포

하나님이 친히 북한의 회복을 행하실 것을 선포합니다!

그러므로 이제 너희는 가만히 서서 여호와께서 너희 눈앞에서 행하실 이 큰 일을 보라 삼상 12:16고 말씀하신 여호와께서 우리의 준비나 예측 가능한 상황을 통해서가 아닌 하나님의 영광을 위하여 친히 북한의 회복을 행하실 것입니다. 그 하나님을 보며 우리는 "와! 과연 하나님이시구나!" 하며 감탄하게 될 것입니다. "북한의 회복을 내가 행하리라!"고 말씀하신 전능하신 하나님을 찬양합니다. 북한의 회복을 통해 하나님의 하나님 되심을 이 나라 온 백성과 세계 열방 가운데 나타내실 것을 선포합니다!

오늘의 기도

오늘의 기도

문광서원

말씀으로 하나님의 빛을 전하다.

문서를 통해 하나님의 빛"을 전하는 문광서원(文光書院)은 복음의 불모지였던 조선을 위해 문광서원을 세우고 최초의 한글성경을 번역하여 보급했던 존 로스 선교사의 귀한 뜻과 정신을 이어받아 복음이 제한된 곳에 말씀을 보급하고 전하는 사명을 감당합니다.

초판 1쇄 발행 2015년 10월 30일
초판 3쇄 발행 2023년 05월 22일

지 은 이 모퉁이돌선교회
펴 낸 이 김옥인
펴 낸 곳 문광서원
주 소 서울 용산구 한남대로 41-6
출판등록 제 2010-000074호
대표전화 02)797-8846
홈페이지 www.munkwang.com
E-mail munkwangbooks@gmail.com

ISBN 978-89-98232-64-1 (03230)